Reiseführer

Florida

**Strände · Erlebnisparks · Bootsfahrten
Shopping · Wanderungen · Hotels · Restaurants**

Die Top Tipps führen Sie zu den Highlights

von Heike und Bernd Wagner

☐ Intro

Florida Impressionen 6

Von der Sonne verwöhnt

8 Tipps für cleveres Reisen 12

Hausboote, Türöffner und Essen mit Aussicht

8 Tipps für die ganze Familie 14

Drahtseiltouren, Legoland und Schildkröten

☐ Unterwegs

Miami – Floridas glitzernde Metropole an der Südspitze des Kontinents 18

1 Miami 18
Am Anfang war die Eisenbahn 18
Zweifacher Aufstieg und Absturz 19
Kultureller Schmelztiegel 19
Downtown – Imperium des Wohlstands mit Blick aufs Meer 20
So klein ist die Welt: Little Havana liegt nicht in Kuba 21
Coral Gables – venezianischer Pool und Wundermeile 21
Coconut Grove – Flair der Kunst 22
Key Biscayne – Nobelinsel im blauen Wasser der Biscayne Bay 23
Zurück auf dem Festland 24
2 Miami Beach 26

Florida Keys – wo der Traum vom glücklichen Inselleben in Erfüllung geht 30

3 Biscayne National Park 30
4 Key Largo 30
5 Islamorada 32
6 Marathon 33
Lower Keys/Big Pine Key 34
7 Key West 36
8 Dry Tortugas National Park 41

Südliche Atlantikküste – Floridas traditionelle Urlaubsregion zwischen noblen Straßen und langen Kanälen 42

9 Fort Lauderdale 42
Hugh Taylor Birch State Park 44
Davie 44
10 Boca Raton 46
Delray Beach 47
Arthur R. Marshall Loxahatchee National Wildlife Refuge 47

11 Palm Beach 48
12 Jupiter 51
   Jonathan Dickinson State Park 51
13 Hutchinson Island 51

Südliche Golfküste – von den Mangroveninseln zu den schönsten Muschelstränden 54

14 Everglades National Park 54
15 Everglades City 57
   Chokoloskee 58
   Collier-Seminole State Park 59
   Marco Island 59
16 Big Cypress National Preserve 60
   Miccosukee Indian Village 61
   Fakahatchee Strand Preserve
      State Park 61
17 Naples 62
   Corkscrew Swamp 63
18 Fort Myers 64
   Babcock Ranch 64
19 Fort Myers Beach 65
   Lovers Key State Park 65
20 Sanibel Island und
   Captiva Island 66

Zentrale Golfküste – Sonne und Sand, Kunst und Kultur 68

21 Sarasota 68
   Myakka River State Park 69
22 St. Petersburg 70
23 Tampa 74
24 Clearwater Beach 77
25 Tarpon Springs 78
26 Weeki Wachee Springs 79
27 Homosassa Springs 80
28 Cedar Key 81

Orlando und Zentralflorida – wo Disney und Co. eine Region verzaubern 82

29 Orlando 82
   Das magische Königreich 83
   Experimente der Zukunft 84
   Hinter den Leinwandkulissen 84
   Wasserwelten und Fabelwesen 85
   Attraktionen in Downtown und
      Umgebung 90
   Unterwegs nach Süden 90
   Außerhalb von Orlando – Natur
      pur! 91
30 Lake Wales 92
31 Ocala 94
32 Ocala National Forest 95

33 Gainesville 96
  Gainesville-Hawthorne State Trail 96
  O'Leno State Park 96

Nördliche Atlantikküste – Urlaub zwischen Himmel und Erde, modernster Technik und ältester Stadt 98

34 Kennedy Space Center 98
35 Canaveral National Seashore 101
  Merritt Island National Wildlife Refuge 101
36 Daytona Beach 102
  De Leon Springs State Park 104
37 St. Augustine 104
38 Jacksonville 107
  Huguenot Memorial Park 108
  Little Talbot Island State Park 108
  Kingsley Plantation 108
39 Amelia Island 108

Panhandle – schneeweiße Sandstrände an Floridas ›Pfannenstiel‹ 110

40 Tallahassee 110
  Alfred B. Maclay State Gardens 111
  Suwannee River State Park 111
41 Wakulla Springs 112
  St. Marks National Wildlife Refuge 113
42 St. George Island 113
43 St. Joseph Peninsula 114
44 Panama City Beach 115
45 Fort Walton Beach 117
  Air Force Armament Museum 117
  Fred Gannon Rocky Bayou State Park 118
  Grayton Beach State Park 118
  Seaside 118
46 Gulf Islands National Seashore 118
47 Pensacola 120
48 Blackwater River State Forest 123

Florida Kaleidoskop

Tropical Deco 29
Ozeanische Wundergärten 33
Inselwelt und Meilensteine 34
Stürmische Naturgewalt 40
Manatis – sanfte Seekühe 52
Sensibles Gleichgewicht 56
Mangroven 61
Schwamm drüber! 78
Reiche der Fantasie 87
Tipps und Tricks für Disney-Trips 88
Das Tor zum Weltraum 100
Wechselblütig und schutzbedürftig 102
In den Wind geschrieben 108
Shoppers' Paradise 129
American Knigge 130

Karten und Pläne

Florida
 vordere Umschlagklappe
Miami und Miami Beach
 hintere Umschlagklappe
Key West 39
St. Petersburg 72
Tampa 75
Orlando 86

☐ Service

Florida aktuell A bis Z　　　　　　125

Vor Reiseantritt 125
Allgemeine Informationen 125
Service und Notruf 126
Anreise 128
Bank, Post, Telefon 128
Einkaufen 129
Essen und Trinken 129
Feiertage 130
Festivals und Events 130
Klima und Reisezeit 131
Kultur live 132
Sport 132
Statistik 133
Unterkunft 133
Verkehrsmittel im Land 135

Sprachführer　　　　　　136

Englisch für die Reise

Register　　　　　　141

Impressum 143
Bildnachweis 143

Leserforum

Die Meinung unserer Leserinnen und Leser ist wichtig, daher freuen wir uns, von Ihnen zu hören. Wenn Ihnen dieser Reiseführer gefällt, wenn Sie Hinweise zu den Inhalten haben – Ergänzungs- und Verbesserungsvorschläge, Tipps und Korrekturen –, dann kontaktieren Sie uns bitte:

**Redaktion ADAC Reiseführer
Travel House Media GmbH
Grillparzerstr. 12, 81675 München
adac.reisefuehrer@travel-house-media.de**

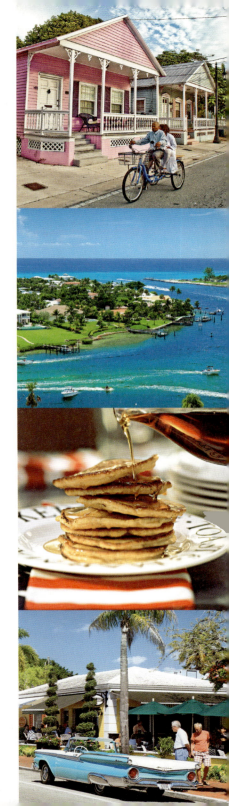

Florida Impressionen
Von der Sonne verwöhnt

Mit schwungvollem Pinselstrich malt Florida das Bild eines subtropischen Ferienparadieses an den sonnigen Südzipfel der USA. Es ist das Land der schwingenden Palmen, der sandigen Strände und grünen Sümpfe, der ruhigen Flüsse und sprudelnden Quellen, das Domizil von Alligatoren, Disney World und gewaltigen Mondraketen. An seinen kilometerlangen feinsandigen **Stränden** verbringen lerngestresste Studenten ihre Osterferien, vergnügen sich Touristen aus aller Herren Länder bei Wahlen der ›Miss Bikini‹ und des schönsten ›Muskelmannes‹, bei Beach-Volleyball-Turnieren, Wettbewerben im Sandburgenbau und zahlreichen Wassersportarten. Florida wirkt mit seinem leidenschaftlichen Nationalstolz und seiner überschäumenden **Gastfreundschaft** ›typisch amerikanisch‹, und doch unterscheidet es sich in seiner subtropischen Lebensweise vom Rest der Nation!

Inseln am Rande des Kontinents

Formvollendet tröpfelt Florida im äußersten Südosten der USA in der lang gezogenen Inselkette der **Florida Keys** aus. Der südlichste Punkt, **Key West**, schnuppert bereits Karibikluft. In der nur 145 km von Kuba entfernten, lebensfrohen Stadt zieht sich zwischen dem Golf von Mexiko und dem Atlantik eine subtropische Restaurant- und Geschäftsmeile dahin.

An diesen einladenden Gestaden endet jeder Tag – filmreif – mit einem Segeltörn in den traumhaften Sonnenuntergang hinein und mit tropisch-fruchtigen Drinks wie etwa den *Daiquiris* – gemixt aus karibischem Rum, zerstoßenem Eis und exotischen Fruchtsäften. Von einfach

Oben rechts: *Palmen und schicke Autos – ein typisches Szenario in Naples*
Unten links: *Guten Appetit – Pancakes mit Sirup sind ein schmackhaftes Frühstück*
Unten rechts: *Friedliche Abendstimmung auf Islamorada in den Florida Keys*

bis exotisch variieren die Menüs: Steaks gibt es in allen Variationen, aber auch Austern frisch oder überbacken, Haifischsteaks, Garnelen oder Alligatoreintopf. Zum Dessert wird der *Key Lime Pie* bevorzugt – aber nur der ›Grüne‹ mit den Original-Limonen der Florida Keys ist ›authentisch‹.

Parallel zur Inselkette erstreckt sich in einem langen Bogen das einzige lebende **Korallenriff** der USA. Außergewöhnliche Tauch- und Schnorchelgründe offenbaren farbenprächtige Fisch- und Korallenreichtümer. Trockenen Fußes schwebt man mit Glasbodenbooten über die tief blaugrünen Gewässer der Riffe.

Junge Metropolen

Im ausgehenden 19. Jh. erschlossen erste Siedler die sumpfigen Weiten **Südfloridas**. Seither hat sich die Region explosionsartig entwickelt. Schnell Emporgeschossenes verbreitet eine **Atmosphäre** von unaufhaltsamer Dynamik und artifizieller Ultrasauberkeit. Schnurgerade durchschneiden Highways flache Landschaften, begleitet von alligatorbesetzten, grünwässrigen Kanälen, an deren Ufern die glitzernden Einkaufszentren und Wohnviertel des 21. Jh. aufragen.

Im subtropischen Südflorida pulsiert ein eigener, ungezwungener **Lebensstil**. Braun gebrannte Menschen, gestylte Hotels und Restaurants füllen die Großstädte und Urlaubsorte, knallig bunte Neonbeleuchtungen und Popmusik geben den Takt an. Im Trendsetterort **Miami Beach** bietet das *Art-déco-Viertel* pastellfarbene Bauten, langbeinige Supermodels und den endlosen Ozean. Wassertaxis passieren die blumengesäumten Kanäle des mondänen **Fort Lauderdale**, des ›Venedigs Nordamerikas‹.

Von Küste zu Küste

Wie Wachposten reihen sich vor Floridas Atlantikküste die ›Barrier Islands‹ auf – lange, grazile Nehrungsinseln, die das hier flache Festland vor der Erosion durch Wind und Wellen schützen. Die beeindruckende *Küstenstraße SR A1A* spielt Inselhüpfen am Atlantik, über zahllose Brücken schwingt sie sich immer am Strand entlang. Auf dieser Reise von der beliebten Ferieninsel **Amelia Island** im Norden bis Miami Beach im Süden offenbart sich die Vielfalt Floridas.

St. Augustine ist ein Kleinod aus spanischer Kolonialzeit – und die am längsten bewohnte europäische Stadt nördlich von Mexiko. Stumme Zeitzeugin der längst vergangenen Gründungstage ist die Festung *Castillo de San Marcos*. Rennfahrerstadt nennt sich **Daytona Beach** mit dem berühmten Strand, an dem einst Weltrekorde gefahren wurden und auf dem sich noch heute Autos – allerdings nur im Schritttempo – bewegen dürfen.

Oben rechts: *Nur keine Langeweile – Clearwater Beach bietet Spaß für jedes Alter*
Unten links: *Blick von der Pier auf Downtown St. Petersburg*
Unten rechts: *Bummeln und Essen im lebhaften Zentrum von Fort Myers Beach*

Ganz in der Nähe des **Kennedy Space Center**, des US-Weltraumbahnhofs, erstreckt sich auf dem Gebiet der **Canaveral National Seashore** einer der schönsten Atlantikbadestrände der Region.

Kein Punkt Floridas ist mehr als 120 km vom Meer entfernt, der Weg vom Atlantik zum Golf von Mexiko nur ein Katzensprung. Traumurlaube an weißen Sandstränden unter Palmen bietet die buchtenreiche Golfküste im Westen – im quirligen **Fort Myers Beach** und **St. Pete Beach**, in eher gemächlichen Badeorten wie **Naples** oder verträumten Inseln wie **Sanibel** und **Caladesi Island**. Nordwärts die Küste hinauf schließt sich ein unbekannteres, nicht minder idyllisches Florida an – mit Schmuckstücken wie dem griechischen Schwammtaucherstädchen **Tarpon Springs**, den glasklaren **Homosassa Springs** und der verschwiegenen Insel **Cedar Key**. Die Golfküste ist zudem

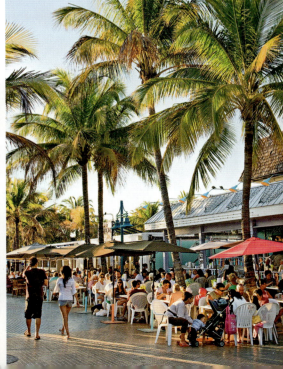

Heimat des Ringling Museum of Art in **Sarasota** und des The Dalí Museum in **St. Petersburg**, zwei der renommiertesten Kunsttempel Floridas.

Natur pur

Direkt an die Grenzen des Großraums Miami – Fort Lauderdale – Palm Beach schließen sich als dramatischer Kontrapunkt zum Beton und Glas der Städte die Weiten der **Everglades** an. In dieser geheimnisvollen Graslandschaft lauern urweltlich anmutende *Alligatoren*, stolzieren *Rosalöffler* durch die Tümpel, behäbige *Seekühe* tummeln sich in ruhigen, warmen Flüssen, über den Kronen alter Zypressen segeln majestätisch *Weißkopfseeadler*, die Wappentiere der USA, und *Delfine* springen durch die grünblauen Wasser der **Ten Thousand Islands**. In diesem Labyrinth tausender mangrovenbesetzter Eilande löst sich die wässrige Graslandschaft der Everglades allmählich im Golf von Mexiko auf.

Mickey & Co.

Bis Mitte der 1970er-Jahre war **Orlando** eine verschlafene Stadt im Herzen Floridas. Erst das Disney-Zeitalter von Mickey Mouse & Co. entfachte den gigantischen Boom, in dessen Gefolge sich in der Nachbarschaft immer neue Touristenattraktionen ansiedelten, an der Spitze weltbekannte Erlebnisparks wie **Universal Orlando** und **SeaWorld**.

Außerhalb der quirligen Parks lassen *Ranchausritte* oder *Kanufahrten* auf dem

verträumten Wekiva River den Trubel der Großstadt vergessen. Das ruhige, von Land- und Forstwirtschaft bestimmte Umland Orlandos bietet ein naturnahes Kontrastprogramm. Dicht bewaldete, leicht gewölbte Hügel laden zu *Wanderungen*, glasklare Quellen und Flüsschen zum *Schwimmen* ein.

Im Norden – ein anderes Gesicht

An den schneeweißen Traumstränden der lang gezogenen Küste im *Panhandle*, dem ›Pfannenstiel‹ Floridas, reihen sich architektonische Schmuckstücke wie **Seaside** oder populäre Urlaubsorte wie **Fort Walton Beach** auf. Einzigartig und wenig überlaufen sind die Strände auf **St. George Island** oder der **Gulf Islands National Seashore**. Nur wenige Kilometer im Inland lädt ein weiterer idyllischer Fleck, **Wakulla Springs**, zu Bootsfahrten durch urwüchsige Natur und Begegnungen mit Alligatoren ein.

Die knapp 1300 Straßenkilometer zwischen Key West und **Pensacola** dokumentieren die Weite Floridas, in der höchst unterschiedliche Kulturräume zu Hause sind. Uralte Eichen mit dem lang herabhängenden, graubärtigen *Spanischen Moos* verbreiten eine beschauliche Ruhe in Floridas bewaldetem Norden, in dem sich die zurückgezogene Lebensart aus den Blütezeiten einer längst verblichenen Plantagenherrlichkeit in die Gegenwart hinübergerettet hat.

Oben links: *Feiern bis zum Morgengrauen – kein Problem in Miami Beach*
Oben rechts: *Bonbonfarbene Holzhäuser zieren Key Wests Duval Street*
Links: *Ein wahrhaft spritziges Vergnügen – Airboatfahrten in den Everglades*

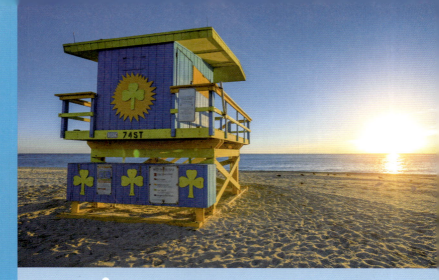

8 Tipps
für cleveres Reisen

1 Spring Break

Himmel oder Hölle? Chaotische Szenen mit Horden angetrunkener und spärlich bekleideter Studenten sind in den kurzen College-Ferien im März und April an der Tagesordnung. Wer Ruhe sucht, sollte deshalb den derzeit bevorzugten Panama City Beach im Nordwesten Floridas am Golf von Mexiko in dieser Zeit meiden. Garantiert sicher ist man in Fort Lauderdale (➙ S. 42), das die Spring Breaker mit gezielten Kampagnen erfolgreich vergrault hat.

2 Gegen den Besucherstrom: Stressfrei in Orlando

Einsam wird es in den Themenparks von Orlando (➙ S. 82) nie, doch die geschickte Wahl der Besuchstage verhindert Stress. Amerikanische Touristen buchen meist eine Woche Orlando und besuchen dann am Wochenanfang ›Magic Kingdom‹ und ›Disney's Animal Kingdom‹, ›Epcot‹ und ›Disney's Hollywood Studios‹ dagegen eher Ende der Woche. Machen Sie es umgekehrt!

3 Concierge Consulting

Eingeweihte buchen in Miami bestimmte Hotels auch der Concierges wegen, und das mit Recht. Brian Bean, der vom ›Delano‹ ins hypermoderne ›St. Regis Bal Harbour‹ gewechselt ist, gilt als der Türöffner für die exklusivsten Adressen des Nachtlebens. Auch Crispy Soloperto im Hipsterparadies ›The Standard‹ und Maite Foriasky in der Luxus-Herberge ›The Setai‹ sind dafür bekannt, die kapriziösesten Wünsche ihrer Gäste zu erfüllen. www.stregisbalharbour.com, www.standardhotel.com, www.thesetaihotel.com

4 Ferien auf dem Hausboot

Für Hausbootferien auf den Florida Keys braucht man kein Kapitänspatent. ›Keys Houseboat Rentals‹ in Key Largo oder ›Florida Keys Houseboat Rentals‹ vermieten schwimmende, fest vertäute Unterkünfte – und ein Lebensmittelladen ist meist gleich um die Ecke. Ab rund 700 Dollar pro Woche sind Sie dabei. www.keyshouseboatrentals.com, www.houseboating.org

5 Universal Studios ohne Warteschlange

›Universal Express‹ heißt die Zauberformel des Vergnügungsparks Universal Orlando (→ S. 88), mit der man an den Schlangen vorbeispaziert. Universal-Hotelgäste bekommen den Pass umsonst (ansonsten ca. 40 Dollar Aufpreis), dazu Zutritt zu ›Harry Potter‹ eine Stunde vor der regulären Öffnung. www.universalorlando.com

6 Orlandos nasse Attraktionen

Packen Sie für ›SeaWorld‹ (→ S. 87) trockene Kleidung ein, denn bei vielen Shows werden Zuschauer garantiert nass. Tragen Sie Sport- oder Wasserschuhe, keine Flipflops: Sie werden mehr laufen, als Sie denken. Kurz- und Weitsichtige sollten in ›Discovery Cove‹ (→ S. 88) eine der begrenzt verfügbaren, an die Sehschärfe angepassten Schnorchelmasken ergattern. Mit dem ›Special Occasions Package‹ können sich Verliebte per Delfin eine Botschaft zukommen lassen.

7 Luxus-Pools in Miami

Die luxuriösesten Pools von Miami sind eigentlich den Gästen der jeweiligen Nobelhotels vorbehalten. Doch auch Normalsterbliche können hier planschen: ›The Standard‹, ›Fontainebleau‹, ›Viceroy‹ und ›The Setai‹ öffnen ihre Wasserparadiese jedem, der eine Spa-Behandlung (ab 125 Dollar aufwärts) bucht. In anderen Hotels gilt ein Minimumverzehr (›minimum tab‹) an der Bar oder im Restaurant. So können Sie im ›Mondrian‹ ab 50 Dollar pro Person eine der legendären Pool Parties miterleben. www.mondrianmiami.com

8 Mexikanisch oder italienisch essen mit Aussicht

Restaurants mit Panoramablick auf den Atlantik sind in Miami rar, da die renovierten Art-déco-Hotels in South Beach aus Denkmalschutzgründen die geplanten Dachterrassen nie bekamen. Aber versuchen Sie es mal mit dem ›Deco Blue‹ im ›Marriott South Beach‹. Das ›Cantina Beach‹ im ›Ritz Carlton Key Biscayne‹ verwöhnt Panoramasüchtige mit erstklassiger mexikanischer Küche, das ›Alba‹ im ›Solé on the Ocean‹ mit italienischen Spezialitäten.

8 Tipps
für die ganze Familie

1 Flug über Haie

Auf dem knapp 40-minütigen Flug mit ›Key West Seaplane Adventures‹ zu den Dry Tortugas (→ S. 41) werden Ihre Kinder staunen, so viel gibt es beim Blick durch die Fenster auf die Wasserfläche zu sehen: Haie, Delfine, Rochen und Seeschildkröten schwimmen im glasklaren Wasser. Auch Schiffswracks lassen sich erspähen. *Key West International Airport, 3471 South Roosevelt Blvd., Key West, FL 33040, Tel. 305/293 93 00, www.keywest seaplanecharters.com. Halbtagestouren ca. 300 Dollar pro Person.*

2 Auf der Drahtseil-Klapperschlange

Eine gute Stunde Autofahrt von Orlando (→ S. 82) entfernt bietet der Abenteuerpark ›Forever Florida‹ aufregende Drahtseiltouren: In hängenden Fahrrädern können Sie mit der ›Cypress Canopy Cycle‹ entspannt durch Baumwipfel gondeln, während die Zipline-Achterbahn ›Rattlesnake‹ für Adrenalinsüchtige gedacht ist. Auf Pferdenarren wartet die ›Overnight Horseback Safari‹. *4755 North Kenansville Road, St. Cloud, FL 34773, Tel. 407/957 97 94, http://foreverflorida.com. Tgl. 9–17 Uhr. Bei vielen der Attraktionen Mindestalter oder -größe, Details siehe Homepage.*

3 Im Reich der Plastikklötzchen

Das 2011 etwa 80 km südwestlich von Orlando in Winter Haven eröffnete Legoland (→ S. 93) lockt mit Miniaturausgaben der wichtigsten Sehenswürdigkeiten der USA, dem Fantasy-Reich ›World of Chima‹, jeder Menge aufregender Fahrgeschäfte, Burgen, Piratenschiffen und einem Wasserpark. *1 Legoland Way, Winter Haven, FL 33884, Tel. 877/350 53 46, http://florida.legoland.com. Saisonal wechselnde Öffnungszeiten. Erwachsene rund 84 Dollar, Kinder (3–12 Jahre) rund 77 Dollar.*

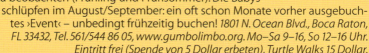

Wo die Schildkrötenbabys schlüpfen 4

Das ›Sea Turtle Rehabilitation Center‹ in Boca Raton (→ S. 46) organisiert ›Turtle Walks‹ am Strand, um Leder- und Karettschildkröten beim Vergraben ihrer Eier zu beobachten (Frühling und Frühsommer). Die Babys schlüpfen im August/September: ein oft schon Monate vorher ausgebuchtes ›Event‹ – unbedingt frühzeitig buchen! *1801 N. Ocean Blvd., Boca Raton, FL 33432, Tel. 561/544 86 05, www.gumbolimbo.org. Mo–Sa 9–16, So 12–16 Uhr. Eintritt frei (Spende von 5 Dollar erbeten), Turtle Walks 15 Dollar.*

5 Im Kajak zu den Alligatoren

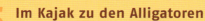

Alli und Justin Shurr organisieren im Rahmen ihrer ›Shurr Adventure Tours‹ Trips in die Everglades (→ S. 54): Mit dem Kajak geht es in kleinen Gruppen an Alligatoren vorbei durch Mangroventunnel oder zu den Delfinen in den Buchten der ›10 000 Inseln‹. Mit kleineren Kindern empfiehlt sich vor allem der zweistündige ›Express Trip‹, auf ältere Abenteurer wartet eine reiche Auswahl an unterschiedlichen Touren. *Treffpunkt (nach Vereinbarung): 32016 Tamiami Trail East Everglades City, Tel. 877 455 29 25, www.shurradventures.net. Touren zwischen rund 90 und rund 200 Dollar.*

6 Für junge Rennfahrer

Gleich vier Gokart-Bahnen hat der Vergnügungspark ›Fun Spot America‹ in Orlando zu bieten. Nachwuchspiloten dürfen ab 10 Jahren allein auf die Piste. Außerdem sorgen 19 Fahrgeschäfte für Adrenalinkicks. *5700 Fun Spot Way, Orlando, FL 32819, Tel. 407/363 38 67, www.fun-spot.com. März–Aug. Tgl. 10–24, sonst etwas kürzer, rund 40 Dollar für alle Fahrgeschäfte.*

Bei Stachelrochen und Seekühen 7

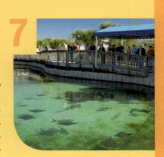

Das ›Florida Oceanographic Coastal Center‹ in Stuart (→ S. 51) tut besonders viel, um Kindern den Schutz der Küstenökosysteme nahezubringen. Die Kids können Stachelrochen streicheln, bei der Haifütterung zusehen oder auf nächtliche ›Turtle Walks‹ gehen. *890 N.E. Ocean Blvd., Stuart, FL 34996, Tel. 772/225 05 05, www.floridaocean.org. Mo–Sa 10–17, So 12–16 Uhr, Eintritt rund 12 Dollar, Kinder (3–12 Jahre) rund 6 Dollar, darunter frei.*

8 Wasserspaß in Naples

So schön der feinsandige Strand von Naples (→ S. 62) auch ist: Kinder lieben den Wasserpark ›Sun-N-Fun Lagoon‹ mit seinen Rutschen und den Wasserkanonen, mit denen sich besonders jüngere Sprösslinge begeisterte Gefechte liefern. *North Collier Regional Park, 15000 Livingston Rd., Naples, FL 34109, Tel. 239/252 40 21, www.napleswaterpark.com. Öffnungszeiten variieren, Details siehe Homepage. Erwachsene rund 12 Dollar, Kinder unter 48 Inches (ca. 123 cm) rund 5,50 Dollar, unter 3 Jahren frei.*

Unterwegs

Spielplatz der Schönen – am Ocean Drive im Art Deco District von Miami Beach treffen sich Stars und Sternchen, Luxus und Glamour, edle Oldtimer und flotte Flitzer

Miami – Floridas glitzernde Metropole an der Südspitze des Kontinents

Miami, die glitzernde Weltstadt am Rande der **Everglades**, ist ein populäres Urlaubsziel unter der *subtropischen Sonne,* in dem selbst in den kühleren Monaten von Dezember bis Februar das Thermometer noch angenehme 24 °C erreicht und der Sommer mit schwülheißen 32 °C ins Land zieht. Mit ihren etwas über 100 Jahren ist die schnell gewachsene **Millionenmetropole** ein Ort von jugendlichem Ungestüm und pulsierenden Kontrasten. Sie ist Floridas **Finanzzentrum** und zugleich bevorzugter Zielort europäischer **Touristen**. Als Schmelztiegel einer stark von Immigranten aus **Lateinamerika** und der **Karibik** geprägten Einwohnerschaft macht die *ethnische Vielfalt* einen besonderen Reiz der Stadt aus.

1 Miami

Zwischen Kuba und den USA – Floridas junge, vibrierende Millionenmetropole.

Wo heute Wolkenkratzer in den Himmel ragen und Touristen ihre dollarschweren Traumurlaube ausleben, lag bis zum Ende des 19. Jh. nur die weite Wasserwildnis der Everglades.

Am Anfang war die Eisenbahn

Zu dieser Zeit hatten sich die indigenen Amerikaner längst in die inneren Everglades zurückgezogen. Anstelle der Soldaten, die während der Seminolenkriege in dem 1837 erbauten *Fort Dallas* zwei Jahrzehnte lang am Ufer des Miami River stationiert waren, wohnte nun *Julia Tuttle* in der Bastion. Nach dem verheerenden Winter 1894/95, der die Zitrusernten des nördlichen Florida vernichtet hatte, machte die agile Clevelander Industriellenwitwe den Eisenbahnmagnaten *Henry Morrison Flagler* (1830–1913) auf sich aufmerksam, indem sie ihm unversehrte Orangenblüten aus Miami zeigte.

Sofort erkannte der geschäftstüchtige Flagler das ungeheure wirtschaftliche Potenzial dieser klimatisch begünstigten Region und verlängerte 1896 seine **Florida East Coast Railway** von Palm Beach nach Miami. Schon im folgenden Jahr übernachteten dort begüterte Urlauber in Flaglers neu erbautem, luxuriösem **Royal Palm Hotel**. Eisenbahnarbeiter und

Glitzernde Weltstadt am Rande der Everglades – Miami bei Nacht

Plan hintere Umschlagklappe | **1** Miami

Reisende ließen sich in der Stadt am Rande der Everglades nieder.

Zweifacher Aufstieg und Absturz

Miamis erste Boomzeit waren die 1920er-Jahre. Zahlreiche Millionäre ließen nach dem Ersten Weltkrieg prächtige Residenzen in den Vororten erbauen. In nur einem Jahrzehnt vervierfachte sich die Einwohnerzahl, und Interessenten aus dem amerikanischen Norden kauften oft blindlings, was sich später als unerschlossener, abgelegener Sumpf entpuppte. 1926 platzte die gigantische Luftblase der **Landspekulation** in Südflorida, zudem legte ein Hurrikan die Stadt völlig lahm.

Während der **Weltwirtschaftskrise** in den 1930er-Jahren zog es viele Juden nach Miami Beach [Nr. 2]. Sie eröffneten dort die kleinen Hotels und Apartmenthäuser des *Art Deco District*.

Am Beginn des 21. Jh. wiederholten sich die Ereignisse der 1920er-Jahre. Sowohl Wolkenkratzer als auch Immobilienpreise schossen in die Höhe, für einige Jahre waren luxuriöse Eigentumswohnungen in Miami die heißeste Ware auf Amerikas ohnehin überhitztem Grundstücksmarkt. 2007 begannen die Verkäufe zu stocken, dann verfielen die Preise. Anfang 2010 waren 40 % der Hausbesitzer im Süden Floridas *under water* – ihre Hypothekenschulden waren höher als der Wert ihres Grundstücks. Seit 2011/12 steigen die Immobilienpreise jedoch wieder.

Kultureller Schmelztiegel

Seit Fidel Castros Machtübernahme 1959 flohen unzählige Kubaner vor dem neuen Regime nach Südflorida. Die Einwanderer öffneten die Türen für Haitianer sowie andere Immigranten aus der Karibik und Lateinamerika. Schnell verzeichneten die agilen, oft sehr konservativen Kubaner wirtschaftliche und politische Erfolge, gewannen Macht und immensen Einfluss. Menschen kubanischer Herkunft stellen heute 29 % der 2,6 Mio. Einwohner im Großraum Miami, einem in die Breite schießenden Konglomerat aus geplanten Stadtteilen und ausufernden Vorortgemeinden. Insgesamt erreichen die *Hispanics*, Einwohner mit spanisch sprechenden Vorfahren, einen Bevölkerungsanteil von über 70 %. Doch werfen die in der Sonne gleißenden Glasfassaden der

1 Miami

Blick vom Jachthafen auf das Einkaufszentrum Bayside Marketplace

Downtown-Wolkenkratzer ihre Schatten auch auf weniger begüterte Viertel. **Armut und Reichtum** prallen in Miami scharf aufeinander. Außerhalb von Brennpunkten wie dem Viertel *Liberty City* hat ständige Polizeipräsenz in den von Touristen besuchten Stadtvierteln die Kriminalität allerdings erfolgreich zurückgedrängt.

Downtown – Imperium des Wohlstands mit Blick aufs Meer

Vom Big Business unter der strahlenden Sonne Floridas spricht die im Wesentlichen nur zu den Geschäftsstunden belebte Innenstadt. Aus ihrer Mitte ragen die vollklimatisierten Wolkenkratzer internationaler Banken und Gesellschaften in die Höhe, in den Glasfassaden der Hochhäuser spiegelt sich das Blau des Himmels. Die Innenstadt wird im Dreiminutentakt von der automatischen **Hochbahn** ›Metromover‹ (tgl. 5–24 Uhr) umkreist, an deren Stelzfüßen auf dem *Inner Loop* sich kleine kubanische Geschäfte aneinanderreihen. Außerdem besitzt Miami den weltgrößten Kreuzfahrthafen. Die nächtlich illuminierte Downtown-Skyline mit den davor ankernden majestätischen Kreuzfahrtschiffen des **Port Miami** ❶ (Tel. 305/347 48 00, www.miamidade.gov/portmiami) lässt sich am besten vom MacArthur Causeway aus betrachten.

Innerhalb Downtowns gruppieren sich die im spanischen Stil gehaltenen Gebäude des **Miami-Dade Cultural Center** ❷ (101 West Flagler Street) um eine große Plaza. Sie beherbergen u.a. das ausgezeichnete Museum *HistoryMiami* (Tel. 305/375 14 92, www.historymiami.org, Mo–Sa 10–17, So 12–17 Uhr), dessen Dauerausstellung ›Tropical Dreams‹ die Besiedlungsgeschichte Südfloridas bestens beleuchtet.

Der quirlige **Bayside Marketplace** ❸ (401 Biscayne Boulevard, Tel. 305/577 33 44, www.baysidemarketplace.com, Mo–Do 10–22, Fr/Sa 10–23, So 11–21 Uhr), ein modernes Open-Air-Einkaufszentrum neben dem Jachthafen am Rande Downtowns, bietet Geschäfte, Restaurants und Bars. Es ist der beste Anlaufpunkt für den Abend in Downtown.

Im Dezember 2013 hat im *Museum Park* (früher Bicentennial Park) am MacArthur Causeway das nach Plänen der Schweizer Architekten Herzog & de Meuron großzügig neu errichtete **Pérez Art**

Plan hintere Umschlagklappe

1 Miami

Museum Miami ❹ (PAM, Tel. 305/375 30 00 www.pamm.org, Di/Mi, Fr–So 10–18, Do 10–21 Uhr) seine Pforten geöffnet. In dem interessanten Gebäudekomplex mit offener Fassade und hängenden Gärten wird moderne und zeitgenössische Kunst präsentiert.

In unmittelbarer Nachbarschaft bietet das **Patricia and Phillip Frost Museum of Science** ❺ (Museum Park, Tel. 305/646 44 00, www.frostscience.org, Eröffnung 2015) interaktive Ausstellungen zu naturwissenschaftlichen Themen.

Auf Watson Island zwischen Miami und South Beach erstreckt sich **Jungle Island** ❻ (1111 Parrot Jungle Trail, Tel. 305/400 70 00, www.jungleisland.com, Mo–Fr 10–17, Sa/So 10–18 Uhr) auf einer Fläche von 7,5 ha. In der tropischen Dschungellandschaft sind rund 110 verschiedene Tierarten von Krokodilen über Orang Utans bis zu unterschiedlichen Papageienarten beheimatet. Zu den Attraktionen zählen die dreimal täglich stattfindenden Vogelschauen im *Parrot Bowl* und die dressierten Tiger des *Jungle Theater*.

So klein ist die Welt: Little Havana liegt nicht in Kuba

Little Havana erstreckt sich westlich der Downtown und grenzt im Westen an Coral Gables. Auf der in diesem Stadtteil **Calle Ocho** ❼ (span. ›achte Straße‹) genannten Southwest 8th Street, die auch Highway 41 oder Tamiami Trail heißt, schlägt das kubanische Herz der Stadt. Spanisch ist die Sprache der Straße, der Restaurants und Supermärkte. In mehreren Geschäften gibt es handgerollte ›kubanische‹ Zigarren, man findet Cafés, in denen Café con Leche (kubanischer Milchkaffee) oder Café Cubano (süßer, starker Espresso) getrunken wird, und schattige Parks, in denen kubanische Männer Domino spielen. Höhepunkt des zehntägigen **Carnaval Miami** (www.carnavalmiami.com) ist zum Abschluss *El Festival de la Calle Ocho* am zweiten Märzsonntag. Dann feiert die Calle Ocho mit Musik, Tanz und Essen das größte hispanische Festival der USA.

Coral Gables – venezianischer Pool und Wundermeile

Miamis attraktivste Stadtviertel liegen südwestlich von Downtown. Der 1924 errichtete bogenförmige *Douglas Entrance* (Tamiami Trail/37th Avenue) und drei

Beim Carnaval Miami tobt auf der Calle Ocho in Little Havanna das Leben

21

1 Miami

Türkisblaue Badefreuden mit italienischem Flair – Venetian Pool in Coral Gables

weitere monumentale Eingangstore geben den Weg frei zu Coral Gables' ansehnlichem Mix spanisch-mediterraner und moderner Architektur. Durch den in den 1920er-Jahren von *George Merrick* mit Sorgfalt geplanten, noblen Stadtteil führt ein Stück weiter südlich die famose Einkaufsstraße des **Miracle Mile** ⑧ (Coral Way, Tel. 305/569 03 11, www.shopcoralgables.com). Hier reihen sich Dutzende exklusiver Juweliere, Antiquitätenhändler, Kunstgalerien und Brautmodenläden aneinander. Im Westen beschließt die säulenbesetzte **City Hall** ⑨ (405 Biltmore Way) die Einkaufsmeile. Ein Stück südwestlich des Rathauses speisen unterirdische Quellen den schönen **Venetian Pool** ⑩ (2701 De Soto Boulevard, Tel. 305/460 53 06, www.coralgablesvenetianpool.com, Juni–Mitte Aug. Mo–Fr 11–18.30, Sa/So 10–16.30, Mitte Aug.–Mai Di–Fr 11–17.30, Sa/So 10–16.30 Uhr), einen öffentlichen Swimmingpool, der in den 1920er-Jahren in einem ehemaligen Steinbruch eingerichtet wurde. Seine tropisch-üppig mit Farnen und Orchideen bewachsene, venezianisch inspirierte Umgebung bezaubert durch Wasserfälle, steinerne Brücken und Grotten. Weiterhin begeistern in Coral Gables gepflegte Plätze und pompöse Gebäude wie das 1899 erbaute und von Merrick bewohnte **Coral Gables Merrick House** ⑪ (907 Coral Way, Tel. 305/460 50 93, Führungen meist Mi und So um 13, 14 und 15 Uhr) und das pastellgelbe, prunkvolle **Biltmore Hotel** ⑫ (1200 Anastasia Avenue, s. S. 25) mit stilvollen Suiten und einem riesiger Pool.

Coconut Grove – Flair der Kunst

Kurz ›The Grove‹ genannt, hat sich das Viertel Coconut Grove, Hippiehochburg der späten 1960er-Jahre, eine künstlerisch inspirierte, romantische Atmosphäre bewahrt, verstärkt durch eine Kulisse ausladender, hochwurzeliger *Banyan-* und rotblühender *Flamboyantbäume*. Die ersten Häuser wurden im späten 19. Jh. aus dem Holz gestrandeter Schiffe erbaut. Zu sehen ist ein solches Gebäude von 1891 im **Barnacle Historic State Park**

22

Plan hintere Umschlagklappe 　　　　　　　　　　　**1** Miami

(3485 Main Highway, Tel. 305/442 68 66, www.floridastateparks.org/thebarnacle, Mi–Mo 9–17 Uhr). Mitte Februar ist der Stadtteil Veranstaltungsort des dreitägigen **Coconut Grove Arts Festival** (www.cgaf.com), eines der wichtigsten Freiluft-Kunstfestivals der USA.

Nicht fehlen darf ein Einkaufsbummel durch den **CocoWalk** ⑬ (3015 Grand Avenue, Tel. 305/444 07 77, www.cocowalk.net, So–Do 10–21, Fr/Sa 10–23 Uhr, Bars länger), einen tropisch gestylten, schicken Einkaufs- und Entertainmentkomplex im Herzen von Coconut Grove, mit Dutzenden von Geschäften, Boutiquen, Straßencafés, Kinos und Restaurants.

Nördlich davon lohnt sich ein Besuch in dem 34-Zimmer-Schlösschen **Vizcaya Museum & Gardens** ⑭ (3251 South Miami Avenue, Tel. 305/250 91 33, www.vizcaya.org, Mi–Mo 9.30–16.30 Uhr) in einem Anwesen am Meer, das sich *James Deering* 1916 als extravaganten Wintersitz im Stil der italienischen Renaissance erbauen ließ. Der Fabrikant stattete seine *Villa* in einer opulenten Stilmischung aus Barock, Renaissance und Rokoko aus, entsprechend der damaligen Vorliebe reicher Amerikaner für europäische Kultur. Wer an den Statuen und Springbrunnen in den italienischen und französischen *Gärten* vorbeispaziert, gelangt im Uferbereich der Biscayne Bay zu einem dort ankernden steinernen *Schiff*, in dem der Hausherr während der Prohibition angeblich seine Alkoholvorräte versteckt hielt.

Key Biscayne – Nobelinsel im blauen Wasser der Biscayne Bay

Die vorgelagerte Insel Key Biscayne ist mit Downtown Miami durch den besonders an Wochenenden viel befahrenen Rickenbacker Causeway verbunden. Er führt vom Festland aus zunächst auf die Insel *Virginia Key*. Dort treten in dem traditionsreichen Meereszoo **Miami Seaquarium** ⑮ (4400 Rickenbacker Causeway, Tel. 305/361 57 05, www.miamiseaquarium.com, tgl. 9.30–18 Uhr) Orcas, Delfine und Seelöwen in Shows auf. Fütterungen von Krokodilen, Manatis und Haien sind genauso Zuschauermagnete wie das Schwimmen mit Delfinen.

Wie Coral Gables und Coconut Grove ist auch Key Biscayne eine exklusive Gegend und bevorzugter Wohnort der Reichen und Berühmten. Die Insel besitzt einige der schönsten *Strände* an der südlichen Atlantikküste. Im Norden zählen die gut 3 km langen weißen Sandstrände von **Crandon Park** ⑯ (6747 Crandon Boulevard, Tel. 305/361 54 21, www.miamidade.gov/parks, tgl. von Sonnenauf- bis

Das Viertel Coconut Grove mit seiner romantischen Atmosphäre lädt zum Bummeln ein

23

1 Miami

Weißer Sand und Palmen – Strandparadies Crandon Beach Park auf Key Biscayne

Sonnenuntergang) zu den populärsten Badezielen der Region. Sie werden vor allem an Wochenenden von Familien aus dem Stadtgebiet frequentiert. Der **Bill Baggs Cape Florida State Park** 17 (1200 South Crandon Boulevard, Tel. 305/361 58 11, www.floridastateparks.org/capeflorida, tgl. von 8 Uhr bis Sonnenuntergang) an der Südspitze der Insel mit seinem prachtvollen Sandstrand wird von Mangroven gesäumt. Als markanter Blickfang ragt hier das 29 m hohe, weiße *Cape Florida Lighthouse* auf. Es ist das älteste erhaltene Gebäude Südfloridas und wurde im Jahr 1825 errichtet. Von den beiden Parkrestaurants (www.lighthouserestaurants.com) liegt das *Lighthouse Cafe* ganz in der Nähe des Leuchtturms.

Zurück auf dem Festland

Für eine Fahrt durch exklusive Wohnviertel südlich von Downtown bietet sich die von auslardenden Bäumen beschattete Old Cutler Road an. An der Allee liegt der **Matheson Hammock Park and Beach** 18 (9610 Old Cutler Road, Tel. 305/665 54 75, www.miamidade.gov/parks, tgl. von Sonnenauf- bis Sonnenuntergang), dessen mangrovengesäumte Ufer einen palmenbesetzten Badestrand und eine sehr idyllische Lagune mit flachem, warmem Wasser an der Biscayne Bay freigeben. Jenseits der Bucht erhebt sich die beeindruckende Skyline von Miami. Südlich an den Park schließt sich der **Fairchild Tropical Botanic Gar-**

TOP TIPP

den 19 (10901 Old Cutler Road, Tel. 305/667 16 51, www.fairchildgarden.org, tgl. 7.30–16.30 Uhr, Shop tgl. 7.30–17.30, Science Village tgl. 9.30–16.30 Uhr) an, ein großer botanischer Garten mit Regenwald, vielen tropischen Pflanzen und künstlichen Seen. Außerdem kann man an einer kommentierten Tramrundfahrt (Mo–Fr stündlich 10–15 Uhr, Sa/So stündlich 10–16 Uhr) teilnehmen.

Einen international hervorragenden Ruf besitzt der **Zoo Miami** 20 (1 Zoo Boulevard, 12400 Southwest 152nd Street, Florida's Turnpike, Ausfahrt 16, Tel. 305/251 04 00, www.zoomiami.org, tgl. 9.30–17.30 Uhr). Auf dem 3 km² großen Areal leben Tiere aus Afrika, Asien und Australien in naturgetreuen Freigehegen, einem Vogel- und einem Tropenhaus. Das riesige Areal *Amazon and Beyond* widmet sich Flora und Fauna der amerikanischen Tropen. Eine Einschienen-Hochbahn durch den Zoo verkürzt die Gehwege.

Bereits 1933 wurde am südwestlichen Stadtrand der Affenpark **Monkey Jungle** 21 (14805 Southwest 216th Street, Tel. 305/235 16 11, www.monkeyjungle.com, tgl. 9.30–17 Uhr, Ticketschalter schließen um 16 Uhr) etabliert. Guenons, Gibbons, Menschenaffen und andere Primaten, insgesamt 30 Arten, leben in Großkäfigen und Freigehegen, die Besucher bewegen sich durch vergitterte Gänge.

Plan hintere Umschlagklappe **1** Miami

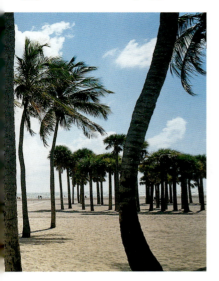

Praktische Hinweise

Information
Greater Miami Convention & Visitors Bureau, 701 Brickell Avenue, Suite 2700, Miami, Tel. 305/539 30 00, 800/933 84 48, www.miamiandbeaches.com

Öffentlicher Nahverkehr
Metromover/Metrorail/Metrobus, Tel. 305/891 31 31, www.miamidade.gov/transit. Für Besucher empfehlenswert ist das wiederaufladbare *EasyTicket*.

Bootstouren
Island Queen Cruises, Bayside Marketplace, 401 Biscayne Boulevard, Miami, Tel. 305/379 51 19, www.islandqueencruises.com, tgl. 10.30–18 Uhr. 90-minütige Sightseeingfahrten durch den Port of Miami, zu den Villen von Fisher Island und Star Island, Abfahrt stündlich.

Einkaufen
Florida Keys Outlet Center, 250 East Palm Drive, Florida City, Tel. 305/248 47 27, www.premiumoutlets.com. Direktverkauf in über 50 Geschäften, u. a. *Nike*, *Levi's*, *GAP* und *Tommy Hilfiger*.

Hotels
****The Biltmore Hotel,** 1200 Anastasia Avenue, Miami, Tel. 855/311 69 03, www.biltmorehotel.com. Coral Gables' elegantes Grand Hotel aus den 1920er-Jahren ist eine der besten Adressen in der Stadt.

***Courtyard Miami Coconut Grove,** 2649 South Bayshore Drive, Miami, Tel. 305/858 25 00, www.courtyardmiamicoconutgrove.com. 20-stöckiges, schickes Hotel der Marriott-Gruppe nahe Coco Walk im reizvollen Coconut Grove.

***Miami Marriott Biscayne Bay,** 1633 North Bayshore Drive, Miami, Tel. 305/374 39 00, www.marriott.com/miabb. Elegantes, modernes Hotel mit 31 Stockwerken am Venetian Causeway.

***Redland Hotel,** 5 South Flagler Avenue, Homestead, Tel. 800/595 19 04, www.hotelredland.com. 1914 erbautes Hotel mit historisch eingerichteter Lounge und 14 Gästezimmern.

Restaurants und Bars
Los Ranchos of Bayside, 401 Biscayne Boulevard, Miami, Tel. 305/375 81 88,

Erholung garantiert – das elegante Biltmore Hotel in Coral Gables

1 Miami

Unmittelbar hinter dem Strand von Miami Beach ragen Luxushotels empor

www.beststeakinmiami.com. Das nicaraguanische Restaurant im Bayside Marketplace serviert gute Steaks.

Sandbar Sports Grill, 3064 Grand Avenue, Miami, Tel. 305/444 52 70, www.sandbargrove.com. Lebhafte Bar in Coconut Grove, auch Lunch- und Dinner-Restaurant.

The Capital Grille, 444 Brickell Avenue, Miami, Tel. 305/374 45 00, www.thecapitalgrille.com. Saftige Steaks und andere köstliche Fleischspezialitäten, umfangreiche Weinkarte, mit Bar in gediegener Atmosphäre in Downtown.

TOP TIPP **Versailles**, 3555 Southwest 8th Street Miami, Tel. 305/444 02 40, www.versaillesrestaurant.com. Das beliebte Restaurant am westlichen Ende von Little Havanna serviert herrliche karibische Gerichte.

Lulu, 3105 Commodore Plaza, Miami, Tel. 305/447 58 58, www.luluinthegrove.com. Stylisches Restaurant mit guten Burgern und Salaten, leckerem Frühstück und freundlichem Service in der Nähe des CocoWalk.

2 Miami Beach

Wo sich Stars und Sternchen treffen: der Welt bekannteste Hotelzeile im Art Deco District.

Miami Beach erfüllt mit Stolz seine Rolle als Spielplatz der Schönen, als subtropischer Zielort der Wintermüden aus dem kalten Norden, die am **Ocean Drive** im berühmten *Art Deco District* mit sonnenbrillenbedeckten Augen frisch gebräunt entlangflanieren. ›Sehen und Gesehen werden‹ heißt das Motto in dieser selbstverliebten Stadt. In den *Straßencafés* im Schatten der Palmen lassen sich das bunte Treiben und der geschäftige Verkehr denn auch gut verfolgen.

Vollends glamourös wird es, wo die pastellfarbene Häuserzeile den weißen, feinsandigen *Palmenstrand* fotogen begleitet: Dort dekorieren glänzende *Oldtimer* die Hotelportale und schreiten schlanke *Models* aus aller Welt zu Modeaufnahmen bekannter Designerfirmen.

Seit einigen Jahren ist Miami Beach zudem Anziehungspunkt für Kunstliebhaber und -sammler, wenn alljährlich Anfang Dezember die viertägige *Art Basel Miami Beach* (s. S. 131) stattfindet, die

Plan hintere Umschlagklappe **2** Miami Beach

der Küste reihen sich auf einer Länge von 15 km zwischen South Beach und Bal Harbour luxuriöse Hotelhochhäuser aneinander, die gut und gerne das Dreifache der Bevölkerung aufnehmen können. Mit einer Vielzahl an Restaurants und Nachtclubs und den schönen Stränden ist Miami Beach Sehnsuchtsort sonnenhungriger Touristen aus aller Welt.

TOP TIPP Die meisten Gebäude im **Art Deco District** 22 von South Miami Beach entstanden in den 1920er- und 1930er-Jahren. Ocean Drive, Washington und Collins Avenue erstrahlen dort in unübertroffener, bonbonfarbener Freundlichkeit, hier vermischt sich architektonisch das harmoniesuchende Art déco der 1930er-Jahre mit spanisch-mediterranen Stilelementen.

Besonders in diesem Viertel spielt sich auch ein ausgeprägtes Nacht- und Strandleben ab. Im Norden lädt die autofreie *Lincoln Road* mit Geschäften, Galerien und Restaurants auch tagsüber zum Flanieren ein, ansonsten sind im gesamten Viertel die *Bars* unter freiem Himmel bis in die frühen Morgenstunden bevölkert. Nach Mitternacht finden die Partys ihre Fortsetzung in den Diskotheken der Washington Avenue, auf der Busse bis frühmorgens verkehren. Mitte Januar wird auch tagsüber am Ocean Drive beim **Art Deco Weekend** (www.artdecoweekend.com) mit einem Umzug, Oldtimern, Konzerten, Stadtteilführungen, Essständen und Kunsthandwerkern drei Tage lang gefeiert.

wichtigste und glamouröseste Kunstmesse der USA.

Mit dem Festland verbinden Miami Beach insgesamt vier *Brücken*, deren erste 1913 den Startschuss zur Umwandlung der unwirtlichen Mangrovenküste in ein Touristenparadies gab. Vor allem entlang

Pastellfarben und Neonlicht – der Ocean Drive besticht mit seinen Art-déco-Gebäuden

Miami Beach

In Miami Beach wird jeder glücklich: ob tagsüber beim Entspannen am Strand ...

Parallel zur berühmten Hotelzeile am Ocean Drive erstreckt sich zwischen 5th und 15th Street der **Lummus Park** ㉓ mit einem wunderbar weißen Palmenstrand und sanfter Brandung. An der südlichen Spitze von Miami South Beach lockt im **South Pointe Park** ㉔ ein Badestrand mit Ausblick auf die in den Hafen einlaufenden Kreuzfahrtschiffe. In den Abendstunden erhellen ihn originell gestaltete Leuchttürme.

Ein 13 m hoher Bronzearm, an dem lebensgroße Bronzefiguren auf verzweifelter Suche nach Hilfe emporklettern, erinnert als **Holocaust Memorial** ㉕ (1933–1945 Meridian Avenue, Tel. 305/538 16 63, www.holocaustmmb.org, tgl. 9.30–22 Uhr) an die in den Konzentrationslagern des Naziregimes ermordeten Juden. Um den Arm herum verlaufen Tunnel mit Ausstellungen, an den Wänden wurden die Namen von Holocaust-Opfern eingraviert.

Im Norden von Miami Beach liegt **Bal Harbour** ㉖. Die Strände sind hier ebenso weit und weiß wie im Süden, die Hotels ähnlich exklusiv. Gleiches gilt für die eleganten *Bal Harbour Shops* (9700 Collins Avenue, Tel. 305/866 03 11, www.balharbourshops.com, Mo–Sa 10–21, So 12–18 Uhr). In diesem Einkaufszentrum reihen sich Nobelmarken wie Chanel, Gucci und Valentino aneinander.

Praktische Hinweise

Information

Miami Beach Visitors Center, Miami Beach Convention Center, 1901 Convention Center Drive, Hall C, Tel. 305/673 74 00, www.miamibeachguest.com

MDPL & Art Deco Welcome Center, 1001 Ocean Drive, Miami Beach, Tel. 305/672 20 14, www.mdpl.org

Kino

Regal South Beach Stadium 18, 1120 Lincoln Road, Tel. 305/674 67 66, www.regmovies.com

Hotels

*******The Setai**, 2001 Collins Avenue, Miami Beach, Tel. 305/520 60 00, www.thesetaihotel.com. Edles Boutique-Hotel von 1936 mit schicken Restaurants.

******Hotel Astor**, 956 Washington Avenue, Tel. 305/531 80 81, www.hotelastor.com. Modernes Interieur in einem traditionsreichen Art-déco-Haus.

******The Betsy South Beach**, 1440 Ocean Drive, Miami Beach, Tel 305/531 61 00, www.thebetsyhotel.com. Das 1940 erbaute Hotel ist eines der edelsten in South Beach. Von der Bar auf dem Dach bietet sich ein toller Blick, Gourmets schwärmen vom Lobby-Restaurant.

Plan hintere Umschlagklappe | **2** Miami Beach

***Avalon Hotel**, 700 Ocean Drive, Miami Beach, Tel. 305/538 01 33, 800 933 33 06, www.avalonhotel.com. Art déco-Strandhotel aus den 1940er-Jahren mit gutem Restaurant.

 ***Park Central Hotel**, 640 Ocean Drive, Miami Beach, Tel. 305/538 16 11, www.theparkcentral.com. Bezauberndes Hotel von 1937, das im Stil des Art déco schwelgt. Mit zwei Restaurants und Bars, vor dem Eingang parkt ein fotogener Buick von 1947.

Restaurants

A Fish Called Avalon, 700 Ocean Drive, Miami Beach, Tel. 305/532 17 27, www.afishcalledavalon.com. Preisgekröntes Fischrestaurant auf der Terrasse des Avalon Hotel.

Joe's Stone Crab Restaurant, 11 Washington Avenue, Miami Beach, Tel. 305/673 03 65, www.joesstonecrab.com. Eine Institution am South Pointe: Seit 1913 werden hier von Oktober bis Mai die Großen Steinkrabben serviert. Außerdem gibt es fantastischen Key Lime Pie.

Clevelander, 1020 Ocean Drive, Miami Beach, Tel. 305/532 40 06, www.clevelander.com. Gut besuchte Sports Bar am Swimmingpool des ›Clevelander Hotel‹, mit Restaurant.

Ola Restaurant, im Sanctuary Hotel, 1745 James Avenue, Tel. 305/695 91 25, www.olamiami.com. Moderne lateinamerikanische Küche, in der Nähe der Lincoln Mall.

Tropical Deco

In Paris präsentierte die Ausstellung ›Exposition des Arts Décoratifs‹ 1925 den innovativen Baustil erstmals und dort erhielt er auch seinen Namen ›Art déco‹. Angelehnt an die Welt der Technologie, war er bestimmt von schlichten, aerodynamisch gestylten **geometrischen Fassadenelementen**. Mit dem Bauboom in Südflorida gelangte das Art déco nach Miami Beach, wo es eigene Elemente wie die Schatten spendenden ›Augenbrauen‹ über den Fenstern, abgerundete Ecken und horizontale Linien hinzugewann. Bunt leuchtende **Farben** sowie Palmen, Flamingos und andere **Florida-Motive** gaben dem Stil den Beinamen ›Tropical Deco‹. An die Verbundenheit mit dem Meer erinnern **maritime Motive** wie die Bullaugen gleichenden runden Fenster, die Verwendung von Glasbausteinen und kühl wirkende Neonbeleuchtungen. Die *Miami Design Preservation League* kümmert sich um den Erhalt der historischen Bausubstanz sowie um die Bewahrung des architektonischen Gesamtbildes bei Um- und Neubauten.

Smith & Wollensky, 1 Washington Avenue, Miami Beach, Tel. 305/673 28 00, www.smithandwollensky.com. Hervorragend zubereitete Steaks, serviert in bester Lage am South Pointe Park.

… oder nachts beim Feiern in den angesagten Klubs und Bars

Florida Keys – wo der Traum vom glücklichen Inselleben in Erfüllung geht

Gleich Perlen einer Kette ziehen sich südlich von Miami die Inseln der Florida Keys in einem Bogen nach Südwesten. 43 Brücken und unzählige türkisblaue Buchten überquert der *Overseas Highway* von **Key Largo** über **Islamorada** und **Marathon** bis in das touristische Tropentraumstädtchen **Key West**. Farbe und Leuchtkraft des blaugrünen Ozeans, gesprenkelt mit kleinen Mangroveninseln am Horizont, verschlagen dem Betrachter oft den Atem. Und als Clou dieser *subtropischen Schönheit* breitet sich unter Wasser die lichtdurchflutete Wunderwelt des einzigen lebenden **Korallenriffs** der kontinentalen USA aus.

3 Biscayne National Park

Ursprüngliche Unterwasserwelt – ein Paradies für Mensch und Tier.

Gut 60 km südlich von Miami beginnt der Biscayne National Park. Er umfasst die **Biscayne Bay** mit dem **Korallenriff** vor der Küste, das die Florida Keys vor der ungebrochenen Kraft der Atlantikwellen schützt. Mit großer Widerstandskraft gedeihen dort massive *Gehirnkorallen* und andere härtere Arten. Weiter nördlich gelangt der Lebensraum der Korallen an seine Grenze, da die Wassertemperatur nach Norden hin im Winter auf unter 20 °C sinkt.

Große Kolonien von Weißkopfseeadlern, Reihern, Pelikanen sowie andere **Vögel** nisten an den Ufern und Inseln der höchstens 3 m tiefen, fisch- und nährstoffreichen *Biscayne Bay*. In dieser Bucht mischt sich das Frischwasser aus den Flüssen des Festlandes mit dem Salzwasser des Atlantiks.

Einziger Anlaufpunkt auf dem Festland ist das **Dante Fascell Visitor Center** (Convoy Point, 15 km östlich von Homestead, tgl. 9–17 Uhr,) an der schmalen, von Mangroven bewachsenen Küstenlinie des Nationalparks. Mit Schnorcheln oder einer Tauchausrüstung können die Riffe bewundert werden, in denen sich bunte Tropenfische, Meeresschildkröten, Rochen und Barrakudas tummeln (Anbieter von Touren u. a. www.biscayneunderwater.com, Tel. 305/230 11 00).

Quer durch **Elliott Key**, der größten Insel in der Biscayne Bay, führt ein 11 km langer *Wanderweg*. Am schönsten präsentiert sich das lang gestreckte Eiland im Winter. Dann ist die Luftfeuchtigkeit geringer und die Mückenschwärme sind kleiner.

Nördlich von Elliot Key liegt die **Boca Chita Key**. Von ihrem Leuchtturm aus reicht der Blick bis zur imposanten Skyline von Miami.

i Praktische Hinweise

Information

Dante Fascell Visitor Center, Biscayne National Park, 9700 Southwest 328th Street, Homestead, Tel. 305/230 72 75, www.nps.gov/bisc

4 Key Largo

Tropische Taucherträume: In den Keys liegen die schönsten Parks unter Wasser.

Wo bis in das frühe 19. Jh. Piraten ihr Unwesen trieben, breitet sich heutzutage auf Key Largo eine Touristenhochburg für Schnorchel-, Tauch- und Angelexkursionen aus. Berühmt geworden ist die Insel durch den Film ›Key Largo‹ (1948) von John Huston, in dem *Humphrey Bogart* und *Lauren Bacall* gegen Gangster und die Naturmacht eines Hurrikans kämpfen.

30

4 Key Largo

An einen weiteren Streifen mit Bogart erinnert die **African Queen**, die vor dem Hotel *Holiday Inn* [s.u.] verankert ist. Weibliche Protagonistin in dem Streifen von 1951 war *Katharine Hepburn*.

Südlich an den Biscayne National Park schließt sich der **John Pennekamp Coral Reef State Park** (102601 Overseas Highway, MM 102.5, Tel. 305/4511202, www.floridastateparks.org/pennekamp, tgl. 8 Uhr bis Sonnenuntergang) an. Er ist der populärste Unterwasserpark der USA und schützt Teile des riesigen Korallenriffs, in dem große Schwärme von Tropenfischen, Meeresschildkröten und Barrakudas leben. *Schnorcheln* und *Tauchen* sind die Hauptaktivitäten im glasklaren Wasser der wunderbaren Riffe und der an den *Schiffswracks* entstandenen, mindestens genauso artenreichen ›Artificial reefs‹.

Die Unterwasserstatue *Christ of the Deep* (auch *Christ of the Abyss*) am **Dry Rocks Reef** dient oft als Schauplatz von Taucherhochzeiten. Zu den beliebtesten Unternehmungen auf dem Wasser zählen Kanu- und Kajaktouren in die *Mangrovenwildnis* (Verleih im Park) und 2,5-stündige Fahrten mit dem Glasbodenboot *Spirit of Pennekamp* zu den *Korallenriffen*. Auf dem schmalen Festlandsstreifen des Parks locken zwei schöne Badestrände, ein *Wanderpfad* durch eine Bauminsel mit subtropischer Vegetation und ein *Sumpfsteg* durch ein Mangrovendickicht.

Bunte Unterwasserwelt – die Schiffswracks vor Key Largo sind ein Paradies für Taucher

4 Key Largo

Gegrilltes und Sundowner schmecken auf der ›violetten Insel‹ gleich nochmal so gut

Praktische Hinweise

Informationen

Key Largo Chamber of Commerce Florida Keys Visitor Center, 106000 Overseas Highway, MM 106, Key Largo, Tel. 305/451 14 14, 800/822 10 88, www.keylargochamber.org

Bootstouren

Spirit of Pennekamp, John Pennekamp Coral Reef State Park, Key Largo, Tel. 305/451 63 00, www.pennekamppark.com. Dreimal täglich Fahrten zu den Korallenriffen mit dem Glasbodenboot, auch Schnorchelausflüge und Kanuverleih.

Hotels

***Holiday Inn Key Largo Resort & Marina**, 99701 Overseas Highway, MM 100, Key Largo, Tel. 305/451 21 21, www.holidayinnkeylargo.com. Weitläufiger Komplex mit eigener Marina.

***Marina del Mar**, 527 Caribbean Drive, MM 100, Key Largo, Tel. 305/451 41 07, www.marinadelmarkeylargo.com. Am Jachthafen gelegenes Resort mit Marina und Tiki Bar.

Restaurant

Bayside Grille, 99530 Overseas Highway, Key Largo, Tel. 305/451 33 80, www.keylargo-baysidegrill.com. Bei guten Fischgerichten genießt man den Sonnenuntergang.

Harriette's Restaurant, 95710 Overseas Highway, MM 95.7, Tel. 305/852 86 89. Gemütliches kleines Lokal mit hervorragendem Frühstück und Lunch. Täglich frische, hausgemachte Muffins, freundlicher Service und viel einheimische Stammgäste.

5 Islamorada

Die violette Insel: populäres Ziel von Trophäenanglern und Tauchern.

Ihren Namen verdankt die Insel einem frühen spanischen Entdecker. Er nannte sie wegen der vielen violetten Seeschnecken ›isla morada‹ (= violette Insel). Bei *Sportfischern* sind die mittleren Keys rund um den Ferienort Islamorada besonders beliebt. Wegen des großen Fischreichtums vor der Küste kriegen auch Anfänger begehrte Trophäen an den Angelhaken. Regelmäßige Ausfahrten starten z.B. ab dem **Postcard Inn at Holiday Isle** (84001 Overseas Highway, Tel. 305/664 23 21, 800/327 70 70, www.holidayisle.com) oder der großen **Bud N' Mary's Marina** (79851 Overseas Highway, MM 79.8, Tel. 305/

6 Marathon

664 24 61, 800/742 79 45, www.budnmarys.com). Die Ausrüstung wird gestellt. Wenn bei der Rückkehr der Boote die stolzen Petrijünger dann ihre Beute zeigen, ist dies ein fotogener Anblick. Lokale Restaurants servieren Menüs mit vom Bootspersonal filetierten Fisch.

In einem aus der Zeit des Eisenbahnbaus stammenden Steinbruch befindet sich das **Theater of the Sea** (84721 Overseas Hwy, MM 84.5, Tel. 305/664 24 31, www.theaterofthesea.com, tgl. 9.30–17 Uhr). Der Steinbruch wurde in eine natürlich wirkende Lagune mit Bühne für *Delfin*- und *Seelöwenshows* umfunktioniert. Aquarienbecken unter freiem Himmel zeigen Barrakudas, Rochen und Haie, spezielle Programme beinhalten das Schwimmen mit Delfinen und Seelöwen, außerdem bietet ein Strand die Möglichkeit zum Schwimmen und Schnorcheln.

Vom Overseas Highway bei MM 78.5 in nur 1 km per Kajak (Verleih bei *Robbie's*, s. u.) erreichbar ist die winzige unbewohnte Insel **Indian Key** (Tel. 305/664 25 40, www.floridastateparks.org/indiankey, tgl. 8 Uhr bis Sonnenuntergang). Dort zerstörten indigene Bewohner im zweiten Seminolenkrieg 1840 die Siedlung des Geschäftsmannes *Jacob Housman*, der die Insel 1831 gekauft und als offizieller ›Wrecker‹ von der Ausbeutung gestrandeter Schiffe gelebt hatte.

2 km südlich liegt in nur 6 m Tiefe das Wrack der 1733 gesunkenen spanischen Galeone ›San Pedro‹. Längst seiner Schätze beraubt, hat sich an dem verfallenen Rumpf des Schiffes ein Riff mit reichen Fischbeständen entwickelt, das sich wie die umliegenden Korallenbänke ideal zum Tauchen und Schnorcheln eignet.

i Praktische Hinweise

Information
Islamorada Chamber of Commerce, Overseas Highway 87100, MM 87, Islamorada, Tel. 305/664 45 03, 800/322 53 97, www.islamoradachamber.com

Bootstouren
Robbie's, 77522 Overseas Highway, MM 77,5, Islamorada, Tel. 305/664 80 70, www.robbies.com. Bootsverleih und Schnorchelexkursionen.

Hotel

*****Islander Resort**, Overseas Highway 82100, MM 82.1 Oceanside, Islamorada, Tel. 305/664 20 31, 800/753 60 02, www.guyharveyoutpostislamorada.com. Großzügige Anlage am lang gestreckten Sandstrand, die meisten Zimmer verfügen über eine Küchenzeile und eine große Terrasse.

6 Marathon

Im Herzen der Keys: Wo man mit Delfinen schwimmen kann.

Wassersport wird auf den mittleren Keys großgeschrieben: Jetskifahren, Schnorcheln, Tauchen, Segeln – und zahllose Charterbootflotten starten zu Sightsee-

Ozeanische Wundergärten

Das Florida Reef ist das drittgrößte **Korallenriff** der Welt. Es beginnt südlich von Miami im Biscayne National Park, reicht ohne Unterbrechung in einem langen Bogen unmittelbar südlich der Keys bis nach Key West und macht einen Sprung zu den Dry Tortugas. Auf rund 350 km steht das Riff als **Florida Keys National Marine Sanctuary** (Florida Keys Eco-Discovery Center, 35 East Quay Road, Key West, Tel. 305/809 47 50, www.floridakeys.noaa.gov, Öffnungszeiten des Center: Di–Sa 9–16 Uhr) unter **Naturschutz**. Ein bizarres Kaleidoskop an Farben und Formen prägt die flachen und sonnendurchfluteten Küstenzonen. Billionen von kleinsten kalkabscheidenden Korallenpolypen haben das Riff Schicht für Schicht zu knorrigen Hirschgeweih-, feinen Fächer- und kompakten Gehirnkorallen aufgebaut. Jede einzelne Nische dieser Unterwasserwelt dient als Refugium tropischer Warmwasserbewohner – ein Wunderland für Taucher. Sorgloses Ankern über dem Riff, Umweltverschmutzung und steigende Taucherzahlen bilden große Gefahren für die delikaten Kolonien. Die lebende Masse der teils rasiermesserscharfen Korallen ist nur eine sehr dünne, leicht zerstörbare Schleimhülle, die, einmal verletzt, zum Absterben der Exemplare führt. Neue Korallen wachsen nur äußerst langsam nach, fußballgroße Gehirnkorallen blicken bereits auf ein Alter von 50 Jahren zurück.

6 Marathon

ing- und Angelexkursionen auf das offene Meer. Abends klingt der Tag bei Cocktails unter freiem Himmel und bei warmer Nachtbrise in den Tiki Bars aus.

Vor Marathon lohnt ein Abstecher in das **Dolphin Research Center** (58901 Overseas Highway, Tel. 305/289 00 02, www.dolphins.org, tgl. 9–16.30 Uhr) auf der Insel **Grassy Key**. Wo zeitweise der berühmte Serienstar ›Flipper‹ zu Hause war, kann man mit den Tieren schwimmen. Auch die Fütterung und das Training der Delfine kann man beobachten.

Der Ort **Marathon** auf Vaca Key entstand im frühen 20. Jh. aus einem Baucamp der Eisenbahnlinie nach Key West, der Name rührt von der Bemerkung her, dass diese Arbeit ›ein richtiger Marathon‹ sei. Nach der Fertigstellung der Strecke versank der Ort wieder in Bedeutungslosigkeit. Heute ist Marathon aber das touristische Herzstück der mittleren Keys.

Am MM 47 beginnt die **Seven Mile Bridge**, die mit 11 km längste Brücke der Keys. Alljährlich Mitte April findet hier der *Seven Mile Bridge Run* (www.7mbrun.com) mit 1500 Teilnehmern statt. Parallel dazu verläuft ›bayside‹ der heute als *Fishing Pier* genutzte Original-Brückenabschnitt. Von dieser alten ›Siebenmeilenbrücke‹ (1912) wirken die Sonnenuntergänge besonders spektakulär. Am Ende des 3,5 km langen Ostteils der alten Brücke liegt die kleine Insel **Pigeon Key** mit **Museum** (Tel. 305/289 00 25, www.pigeonkey.net, tgl. 10–16 Uhr). In dem einstigen Brückenbaucamp kann man die Wohngebäude der Arbeiter von 1909 besichtigen. Der Zugang erfolgt per Fähre (Tel. 305/743 59 99).

Lower Keys/Big Pine Key

Die westlichen Inseln (Lower Keys) liegen in dem am wenigsten erschlossenen Teil der Keys. Nur auf *Big Pine Key* und der benachbarten *No Name Key* lebt der *Key Deer*, eine bedrohte Zwergart des Weißwedelhirsches (Virginia-Hirsch), die max. 70 cm hoch und 33 kg schwer wird. Zu ihrem Schutz wurde das **National Key Deer Wildlife Refuge** (MM 31.5, 28950

Inselwelt und Meilensteine

Die Inselkette der **Florida Keys** erstreckt sich vom Dry Tortugas National Park bis zum Biscayne National Park südlich von Miami auf einer Länge von 320 km. Sie trennt den Atlantik vom Golf von Mexiko. Bis auf wenige Eilande im Norden bestehen die Keys aus oft scharfkantigem Korallengestein und verfügen kaum über Sandstrände.

Bis in das frühe 20. Jh. waren die Keys nur auf dem Wasserweg zugänglich. Erst Henry Flaglers **Florida East Coast Railway** schloss Key West 1912 nach siebenjähriger Bauzeit an das restliche Florida an. 1935 aber zerstörten die verheerenden Stürme des Labor Day Hurricane die Eisenbahnlinie derartig, dass sie nie mehr instand gesetzt wurde.

Seit 1938 sind die Inseln durch den **Overseas Highway** (Highway 1) über 42 Brücken verbunden. Die Meilenzählung beginnt am Monroe County Courthouse (500 Whitehead Street) in Key West und endet 203 km entfernt auf dem Festland in Florida City bei Meile 126. Die meisten Anschriften am Overseas Highway bestehen nur aus dem zugehörigen **Mile Marker** (MM) und dem Zusatz ›oceanside‹ (Atlantikseite/ungerade) oder ›bayside‹ (Bucht zwischen Keys und Festland/gerade), die Hausnummer 32100 z. B. liegt am MM 32.1.

6 Marathon

Watson Blvd., Big Pine Key, Tel. 305/872 22 39, www.fws.gov/nationalkeydeer) geschaffen. In den Morgen- und Abendstunden sieht man die Tiere häufig entlang des Key Deer Boulevard nördlich des Overseas Highway. Kurz hinter dessen Beginn befindet sich im Winn Dixie Shopping Plaza auch eine *Parkinformationsstelle* (179 Key Deer Blvd.).

Weiße, palmengesäumte *Sandstrände* charakterisieren auf Big Pine Key den **Bahia Honda State Park** (36850 Overseas Highway, MM 37, Tel. 305/872 32 10, www.bahiahondapark.com, tgl. 8 Uhr bis Sonnenuntergang) an der Westseite der Brücke. Sein **Sandspur Beach** ist einer der schönsten Strände Floridas. Auch zum Schnorcheln sind die Strände hervorragend geeignet.

Das **Looe Key National Marine Sanctuary** 5 Seemeilen südlich von Big Pine Key besticht durch seine schönen Korallenriffe im klaren Meer. Die 1744 gesunkene britische Fregatte *HMS Looe* und andere Schiffswracks sind im Laufe der Jahre zu Riffen geworden, an denen sich viele Arten von Muscheln und Korallen angesiedelt haben. Etwa 3,5-stündige Fahrten mit dem Glasbodenboot inklusive Schnorcheln veranstaltet *Strike Zone Charters* (29675 Overseas Highway, MM 29.5, Tel. 305/872 98 63, www.strikezonecharter.com, tgl. 9.30 und 13.30 Uhr).

Praktische Hinweise

Information

Greater Marathon Chamber of Commerce Visitors Center, 12222 Overseas Highway (MM 53.5, Bayside),

So weit das Auge reicht – die alte und die neue Seven Mile Bridge in den Florida Keys

Strandidylle pur bietet der Bahia Honda State Park auf Big Pine Key

6 Marathon

Marathon, Tel. 305/743 54 17, 800/262 72 84, www.floridakeysmarathon.com

Unterkunft
Bahia Honda State Park, 36850 Overseas Highway, Big Pine Key, Tel. 305/872 23 53, www.reserveamerica.com. Blockhütten und Campingplatz.

7 Key West

Zauber am Rande der Karibik: Jeden Abend wird gefeiert.

Ureigenen Charme versprüht die südlichste Stadt Floridas, wo das Wasser türkisblau leuchtet und die Palmen sich im warmen Luftstrom wiegen, wo man sich auf der bis in die späten Nachtstunden belebten *Duval Street* ins Open-Air-Nacht- und Kneipenleben stürzt. Im Allgemeinen vergnügen sich Inselbewohner und Besucher selbst im ›tiefsten‹ Winter bei durchschnittlichen Temperaturen von 25 °C tagsüber und 19 °C nachts.

Key West ist zwar eine sehr touristische Stadt, doch bezaubert sie durch ihre subtropische Heiterkeit, ihre ruhige Lebensart sowie ihr karibisches Ambiente. Seit jeher zieht sie Fischer, Künstler und Feriengäste aus aller Herren Länder in ihren Bann. Gefeiert wird immer, sei es mit zahlreichen bärtigen ›Papa‹-Kopien beim *Hemingway Look-Alike-Contest* während der **Hemingway Days** (www.hemingwaydays.net) in der dritten Juliwoche, beim zehntägigen, karnevalistischen **Fantasy Fest** (www.fantasyfest.com) mit

Schauspiel der Natur – Sonnenuntergang am Mallory Square in Key West

Plan S. 39 | 7 Key West

Hübsche pastellfarbene Holzhäuser zieren die Duval Street in Key West

seinen unglaublich kostümierten Teilnehmern Ende Oktober oder aber am *Mallory Square*, wo jeden Abend die Sonne mit Applaus verabschiedet wird.

Ein unabhängiger Geist ist den Bewohnern von Key West seit jeher inne, sie führten stets ein politisches Eigenleben. Im Sezessionskrieg zwischen Nord- und Südstaaten gehörte Florida zwar dem konföderierten Süden an, doch befand sich Key West als einzige Stadt des Staates auf der Seite der *Yankees* aus dem Norden.

Nach Niederwerfung der Piraterie im frühen 19. Jh. lebte Key West von der staatlich lizensierten Ausbeutung untergegangener Schiffe (›shipwrecking‹) vor der riffreichen Küste. Es wurde zu einer der reichsten Städte der USA, wie noch heute die kostbaren ›Gingerbread‹-Ornamentierungen an den Häusern andeuten. In der zweiten Hälfte des 19. Jh. florierte Key West mit der von Kuba importierten *Zigarrenindustrie*, der *Schwammtaucherei*

und der Jagd auf *Meeresschildkröten*. Mit Ankunft der Eisenbahn 1912 begann der *Tourismus* aufzukeimen. Ein Schlag für die Stadt war 1935 der *Labor Day Hurricane*, der die Bahnverbindung ins Meer fegte. Drei Jahre vergingen, bevor der *Overseas Highway* Key West erneut mit der Außenwelt verband. 1982 – als Polizeikontrollen auf der Suche nach illegalen kubanischen Einwanderern den Verkehr zu den Keys zu stark behinderten – erklärte sich Key West als Hauptstadt der *Conch Republic* kurzerhand für unabhängig, wenn auch nur für sehr kurze Zeit. Schließlich nennen sich die auf der Insel geborenen Einwohner nach den großen Tritonshornschnecken stolz ›Conchs‹ (sprich ›konks‹). Alljährlich Ende April erinnert die ausgelassene zehntägige *Conch Republic Independence Celebration* (www.conchrepublic.com) an dieses Ereignis.

Ein guter Ausgangspunkt für die Besichtigung von Key West ist die **TOP TIPP Duval Street** ❶, die Hauptstraße der Altstadt. An dem ansehnlichen Straßenzug zwischen Golf von Mexiko und Atlantik ziehen Touristen und Conchs

37

Key West

Schnurren erwünscht – etwa 50 Katzen leben im Ernest-Hemingway-Museum

entlang, hier sind die Attraktionen und spielt sich das Nachtleben ab – für Langeweile bleibt da keine Zeit. Die Straße säumen mit feinen Holzschnitzereien geschmückte pastellfarbene Häuser, in denen sich meist Geschäfte und Boutiquen niedergelassen haben. Cafés und Restaurants offerieren Key Wests Spezialitäten, wie die in Teig ausgebackenen *Conch Fritters* und zum Nachtisch *Key Lime Pie*, den typischen Limonenkuchen. An der Duval Street steht zudem Key Wests ältestes Haus von 1829, in dem heute das **Oldest House Museum & Gardens** (322 Duval Street, Tel. 305/294 95 01, www.oirf.org, Mo/Di, Do–Sa 10–16 Uhr) untergebracht ist. Zu sehen sind historische Möbel und Schiffsmodelle, eine interaktive Karte zeigt die Lage der Schiffswracks vor den Keys.

Die berühmteste Kneipe der Stadt, wenn nicht der gesamten Inselkette, ist **Sloppy Joe's** (201 Duval Street, Tel. 305/294 57 17, www.sloppyjoes.com) mit Live-Musik bis spät in die Nacht. Es war das Lieblingslokal von ›Papa‹ *Hemingway*.

Die Pier neben dem **Mallory Square** ❷ an der nördlichen Spitze der Altstadt ist Ankerplatz der riesigen Kreuzfahrtschiffe. Abends versammeln sich hier die Menschen zur *Sunset Celebration* (www.sunsetcelebration.org), um die Sonne als glühenden Feuerball versinken zu sehen. Die Stunde der Dämmerung ist die Zeit der Gaukler und Jongleure, an Ständen werden aus Palmblättern geflochtene Hüte und Obstschalen verkauft.

Unweit vom Mallory Square kommt man in dem kleinen, bereits 1934 eröffneten **Key West Aquarium** ❸ (1 Whitehead Street, Tel. 888/544 59 27, www.keywestaquarium.com, tgl. 10–18 Uhr) den Fischen und Seetieren aus heimischen Gewässern ›zum Greifen nahe‹. Man darf der Handfütterung der Haie zusehen und ein ›Touch Tank‹ erlaubt das Anfassen diverser Tiere. Außerdem präsentiert hier das **Key West Shipwreck Museum** (1 Whitehead Street, Tel. 305/292 89 90, www.keywestshipwreck.com, tgl. 9.40–17 Uhr) eine spannende Zeitreise in das Key West von 1856. Schauspieler, Filme und Fundstücke des 1856 gesunkenen und 1985 wiederentdeckten Segelschiffs *Isaac Allerton* entführen in die bewegten Anfangstage der Stadt.

Audubon House & Tropical Gardens ❹ (205 Whitehead Street, Tel. 305/294 21 16, www.audubonhouse.com, tgl. 9.30–17 Uhr) ist nach dem Naturforscher *John James Audubon* (1785–1851) benannt, der 1832 die Vögel auf Key West studierte und zeichnete. Das zeitgenössisch eingerichtete Anwesen zeigt heute Audubons Bilder, die als Illustrationen für sein Nachschlagewerk ›Birds of America‹ entstanden. Die reizvollen tropischen Gärten laden zum Spaziergang ein.

Gleich um die Ecke liegt das **Mel Fisher Maritime Museum** ❺ (200 Greene Street, Tel. 305/294 26 33, www.melfisher.org, Mo–Fr 8.30–17, Sa/So 9.30–17 Uhr), das Schatzmuseum der gleichnamigen Gesellschaft. Mit seinen Preziosen, dem Gold und den Juwelen spanischer Galeonen, u. a. vom Wrack der 1622 gesunkenen ›Atocha‹, ist es das beste Museum seiner Art in Florida. Weitere Ausstellungen beleuchten das für Florida stets aktuelle Thema der Unterwasserarchäologie.

Im nahe gelegenen, 1890 erbauten **Harry S. Truman Little White House** ❻ (111 Front Street, Tel. 305/294 99 11, www.trumanlittlewhitehouse.com, tgl. 9–17 Uhr) war ursprünglich eine Marinekommandantur untergebracht. Ab 1946 nutzte US-Präsident *Harry Truman* das Haus als Ferienwohnsitz.

Im Westen von Truman Annex, dem in ein nobles Wohnviertel verwandelten alten Marinestützpunkt, liegt **Fort Zachary Taylor Historic State Park** ❼ (601 Howard England Way, Tel. 305/292 67 13, www.floridastateparks.org/forttaylor, tgl. 8 Uhr bis Sonnenuntergang). Die Festung wurde während des Sezessionskrieges von den Truppen der Nordstaaten besetzt. Heute lockt hier einer der schönsten Badestrände der Insel, außerdem führen nette Fahrradwege über das Gelände.

Das **Ernest Hemingway Home & Museum** ❽ (907 Whitehead Street, Tel. 305/ 2941136, www.hemingwayhome.com, tgl. 9–17 Uhr) liegt – von einem Tropengarten umgeben, in dem etwa 50 sechszehige Katzen leben – im Zentrum der Stadt. In dem heute als *Museum* eingerichteten, teils original möblierten Haus im spanischen Kolonialstil lebte 1931–40 der Schriftsteller und Nobelpreisträger, Sportfischer und Großwildjäger *Ernest Hemingway* (1899–1961). Hier schrieb er die Werke ›Die grünen Hügel Afrikas‹ (1935) und ›Wem die Stunde schlägt‹ (1940).

In Sichtweite ragt der weiße schlanke **Key West Lighthouse** ❾ (938 Whitehead Street, Tel. 305/294 00 12, www.kwahs.org, tgl. 9.30–16.30 Uhr) von 1847 empor. Aus 26 m Höhe blickt man über das schöne Panorama. Ausstellungen zur maritimen Geschichte zeigt das Leuchtturmwärterhaus *Keeper's Quarters Museum* am Fuß des Turms.

Die leuchtend rote Boje am **Southernmost Point in continental USA** ❿ ist einer der populärsten Besuchspunkte von Key West. ›90 Miles to Cuba‹, nur 145 km ist man von der Karibikinsel entfernt, wie ein Schild am Zaun verkündet, aber rund 250 km sind es nach Miami. Vor dem Ozeanpanorama reihen sich die Stände von Souvenirverkäufern aneinander.

ℹ Praktische Hinweise

Information

Key West Chamber of Commerce, 510 Greene Street, Key West, Tel. 305/ 294 25 87, www.keywestchamber.org, www.fla-keys.com

Rundfahrten

Conch Tour Train, 303 Front Street, Key West, Tel. 888/916 86 87, www.conchtour

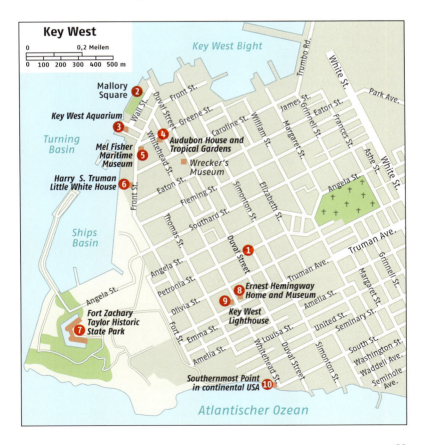

39

7 Key West

train.com, tgl. 9–18 Uhr. 90-minütige Rundfahrt ohne Stopp in Minibahnwaggons mit humorvoller Kommentierung.

Old Town Trolley Tours, 201 Front Street, Key West, Tel. 888/910 86 87, www.trolley tours.com, tgl. 9–18 Uhr. 90-minütige kommentierte Touren in offenen Kleinbussen (Hop-on-and-off an zwölf Haltestellen).

Bootstouren

Fury Water Adventures, ab Pier Duval Street, Key West, Tel. 888/976 08 99, www.furycat.com. Zweistündige Ausflüge mit dem Glasbodenboot zum Korallenriff (tgl. 12 und 14 Uhr), abends kann man sich auf eine romantische Sonnenuntergangsfahrt begeben.

Hotels

****The Reach Resort**, 1435 Simonton Street, Key West, Tel. 305/296 50 00, 888/318 43 16, www.reachresort.com. Exklusives Hotel mit idyllischer Badebucht. Das luxuriöse Spa und der großzügige Pool verheißen Wellnessfreuden.

***Island City House**, 411 William Street, Key West, Tel. 305/294 57 02, 800/634 82 30, www.islandcityhouse.com. Edle, um 1880 erbaute viktorianische Pension in der Altstadt, bestehend aus drei Häusern. Im schönen Tropengarten steht morgens das Frühstücksbuffet bereit.

***Key Lime Inn**, 725 Truman Avenue, Key West, Tel. 305/294 52 29, 800/549 44 30, www.historickeywestinns.com. Zwei Querstraßen von der Duval Street entfernt liegt das hübsche Hotel mit dem Maloney House von 1854.

TOP TIPP *** **Lighthouse Court**, 902 Whitehead Street, Key West, Tel. 305/294 95 88, 800/549 44 30, www.historickeywestinns.com. Weitläufiger Komplex aus mehreren Häusern aus den 1920er-Jahren in toller Lage zwischen Lighthouse und Hemingway House.

Angelina Guesthouse, 302 Angela Street, Tel. 305/294 44 80, 888/303 44 80, www.angelinaguesthouse.com. Kleines, gemütliches B & B in einem Haus aus den 1920er-Jahren, zwei Blocks von der Duval Street entfernt. Im schönen Garten frühstückt man morgens u. a. täglich frisch gebackene Zimtschnecken.

Stürmische Naturgewalt

Eine der wenigen, dafür aber heftigen Plagen Floridas sind die berüchtigten **Hurrikane**. Diese tropischen Wirbelstürme entstehen durch einen gewaltigen Sog aus Tiefdruckgebieten über der Karibik oder dem Atlantik und bewegen sich dann in relativ gleichmäßigem Tempo nordwärts. Über Wasser gewinnen sie erheblich an Kraft, während ein Landfall ihre Geschwindigkeit bremst. Hurrikane verursachen zwar mit extremen Windgeschwindigkeiten von bis zu 300 km/h enorme Schäden, aber für die großen Katastophen ist das verheerende Zusammenwirken mit meterhohen Flutwellen und starken Niederschlägen verantwortlich. In einem solche Fall hat z. B. der Hurrikan Katrina, mit 108 Mrd. US-$ an Schäden der kostspieligste Hurrikan aller Zeiten, im August 2005 die teilweise unter dem Meeresspiegel liegende Stadt New Orleans in Louisiana vielerorts überschwemmt.

Hurrikan-Saison ist von Juni bis November, mit Höhepunkten von August bis Oktober. Seit 1953 erhalten Hurrikane Vornamen, zunächst weibliche, seit 1979 auch männliche Vornamen.

Dank modernster Technik kann das **National Hurricane Center** (www.nhc. noaa.gov) in Miami den Verlauf des 30–60 km breiten ›Hurrikan-Auges‹, das sich mit 25–30 km/h noch langsam fortbewegt, recht gut prognostizieren. Bei Gefahr werden Touristen, bei Bedarf auch Einheimische rechtzeitig aus der Sturmschneise evakuiert.

Aufgrund ihrer enormen Zerstörungskraft forderten die Hurrikane immer wieder einen **hohen Preis** in Florida, den bisher höchsten 1928, als im Raum Palm Beach/Lake Okeechobee über 2500 Menschen starben. Der niedrigste je bei einem Hurrikan gemessene Luftdruck (892 hPa) sowie die hohen Windgeschwindigkeiten und Flutwellen der *Labor Day Hurricane* von 1935 rissen auf den Keys 400 Personen und die Eisenbahntrasse ins Verderben. Die mit über 26 Mrd. US-$ Sachschaden drittteuerste Katastrophe war Hurrikan Andrew, der 1992 Miamis Vorort Homestead dem Erdboden gleich machte.

8 Dry Tortugas National Park

Nur per Flugzeug oder Schiff erreichbar sind die Dry Tortugas mit dem trutzigen Fort Jefferson

Restaurants

El Meson De Pepe, 410 Wall Street (am Mallory Square), Key West, Tel. 305/2952620, www.elmesondepepe.com. Gutes kubanisches Restaurant, im Cayo Hueso y Habana, wo Zigarrenroller ihr Handwerk demonstrieren.

Turtle Kraals, 231 Margaret Street, Key West, Tel. 305/294 26 40, www.turtlekraals.com. Fangfrischer Fisch und Muscheln werden in ungezwungener Atmosphäre am Hafen serviert.

La Crêperie Key West, 300 Petronia Street, Key West, Tel. 305/517 67 99, www.lacreperiekeywest.com. Tolle Omelettes und Galettes in gemütlicher Atmosphäre, gelegen in einer ruhigen Seitenstraße.

8 Dry Tortugas National Park

Trockene Schildkröteninseln: einsamer Archipel am Südzipfel der USA.

Aus der Luft bietet sich beim Anflug auf den Dry Tortugas National Park eine exzellente Sicht auf Inseln, Korallenriffe und Schiffswracks im außerordentlich klaren Wasser. Inmitten des blaugrünen Ozeans erhebt sich auf *Garden Key* das massive, sechseckige **Fort Jefferson**, die größte Küstenfestung der USA, die in der ersten Hälfte des 19. Jh. erbaut wurde. *Juan Ponce de León* benannte die abgelegenen Inseln im 16. Jh. nach den in großer Zahl vorhandenen Meeresschildkröten (span. tortugas). Den Zusatz *dry* (= trocken) erhielten sie, weil es dort kein Frischwasser gab. Lange Jahrhunderte blieb es auf den Eilanden ruhig und menschenleer. Erst 1846 begannen die Bauarbeiten an dem strategisch günstig vor der Südspitze der USA gelegenen Fort. Seine rund 2,50 m dicken Mauern, die 450 Kanonen und 1000 Mann Besatzung mussten allerdings nie eine Feuerprobe bestehen. Die Armee gab das noch unvollendete Bollwerk nach Gelbfieberepidemien und einem Hurrikan 1874 auf, moderne Waffensysteme hatten die abgelegene Trutzburg im Meer längst obsolet gemacht.

Die **Dry Tortugas** liegen 110 km westlich von Key West und wurden 1992 zum **Nationalpark** erklärt. Mit ihrer schützenswerten Fülle an Korallenbänken, Tropenfischen, Haien und Seeschildkröten stellen die Riffe die Attraktion des Parks dar. Über Wasser begeistert der große Vogelreichtum der Inseln, da Tausende von Zugvögeln hier regelmäßig Rast machen. Während der Brutsaison der Rußseeschwalben von Mitte Januar bis Mitte Oktober bleibt die kleine Insel *Bush Key* allein den Vögeln vorbehalten.

Praktische Hinweise

Information

Dry Tortugas National Park Visitor Center, Fort Jefferson, Garden Key, Tel. 305/242 77 00, www.nps.gov/drto

Bootstouren

Yankee Freedom Ferry, 240 Margaret Street, Key West, Tel. 305/294 70 09, 800/634 09 39, www.drytortugas.com. Abfahrt tgl. 8 Uhr ab Historic Seaport. Bootstour nach Fort Jefferson (2 Stunden einfache Fahrt), dort 5 Stunden Aufenthalt, inklusive Essen, Getränke und Schnorchelausrüstung.

Südliche Atlantikküste – Floridas traditionelle Urlaubsregion zwischen noblen Straßen und langen Kanälen

Eine Vielzahl von Wasserwegen macht **Fort Lauderdale** zum ›Venedig Amerikas‹, der lange Sandstrand ist der wichtigste Treffpunkt der Stadt. **Boca Raton**, ein Stück weiter nördlich, bezaubert durch die Anmut mediterraner Architektur. **Palm Beach**, mondäner Urlaubsort der Reichen und Schönen, lädt zum eleganten Shopping und in edle Museen ein. Ein fantastischer Naturpark und ein roter Leuchtturm sind die Stars von **Jupiter**. Auf der schmalen **Hutchinson Island** an der ›Schatzküste‹ findet zwar nicht jeder einen Schatz, aber alle einen Platz an der Sonne, und abends führen Beobachtungstouren zu den Nistplätzen der Meeresschildkröten.

9 Fort Lauderdale

Wassertaxis und Luxusjachten im amerikanischen Venedig.

Kanäle, Flüsse, Buchten wohin das Auge blickt. Knapp 500 km navigierbare Wasserwege durchziehen Fort Lauderdale. Die Stadt besitzt den zweitgrößten Kreuzfahrthafen der Welt (Port Everglades, www.porteverglades.net), und entlang schnurgerader Kanäle ankern schier unendliche Reihen stolzer, schneeweißer Luxusjachten vor den Gärten nobler Villen. Fort Lauderdale wurde von *Major William Lauderdale* 1838 als militärischer Stützpunkt an der Stelle der heutigen Bahia Mar Marina gegründet, doch setzte auch hier erst 1896 mit dem Anschluss an Henry Flaglers *East Coast Railway* der Fortschritt ein. Während des Wirtschaftsbooms der 1920er-Jahre ließen Landspekulanten jene fingerförmigen Inseln und Kanäle nach dem Vorbild Venedigs errichten, mit denen sich die Stadt ihren klangvollen Beinamen verdiente.

In der **Bahia Mar Marina** beginnen auch die dreistündigen Sightseeingtouren der *Jungle Queen* [s. S. 45] auf dem New River. Dabei lässt sich Fort Lauderdales prächtige *subtropische Inselwelt* erleben. Unterwegs ergeben sich schöne Fotogelegenheiten, weil die Ausflugsschiffe mondäne Villen und üppige Gärten aus nächster Nähe passieren.

Palmen und Hotels säumen den Sandstrand von Fort Lauderdale

9 Fort Lauderdale

Größte Attraktion der Stadt ist ihr 37 km langer **Sandstrand**. Im Zaum gehalten wird die feinkörnige Pracht vom wellenförmig gezogenen **Seawall**, einer niedrigen Mauer, die das Wegspülen des Sandes verhindert. Auf der Strandpromenade im Schatten der Palmen tummeln sich Spaziergänger, Fahrradfahrer und Inline-Skater. Das Zentrum der Aktivitäten liegt 3 km beiderseits der Einmündung des **Las Olas Boulevard** (www.lasolasboulevard.com). Boutiquen, Kunstgalerien und Antiquitätenläden säumen diesen gepflegten Straßenzug Richtung Downtown, ebenso wie Restaurants und Straßencafés. Flussbegleitend windet sich der mit Blumenbeeten und Bänken geschmückte, gepflasterte *Riverwalk* vom Stranahan House bis zum Kunst- und Kulturzentrum *Broward Center for the Performing Arts* (201 SW Fifth Avenue, Tel. 954/462 02 22, www.browardcenter.org).

Das 1901 als Handelsniederlassung der Siedlerfamilie Stranahan entstandene und als Museum hübsch restaurierte **Stranahan House** (335 Southeast 6th Avenue, Tel. 954/524 47 36, www.stranahanhouse.org, Führungen tgl. 13–15 Uhr) ist das ältes-

Farbenfroher Kunstgenuss bietet sich dem Betrachter im Museum of Art Fort Lauderdale

te Gebäude von Fort Lauderdale. Mit seinem teils originalen Mobiliar legt es heute beredtes Zeugnis ab von der Gründerzeit der Region.

Ein Stück weiter am Las Olas Boulevard befindet sich das **Museum of Art Fort Lauderdale** (1 East Las Olas Boulevard, Tel. 954/525 55 00, www.moafl.org, Di/Mi, Fr/Sa 11–17, Do 11–20, So 12–17 Uhr), das Werke des Impressionisten William Glackens

9 Fort Lauderdale

Zahlreiche Kanäle brachten Fort Lauderdale seinen Beinnamen ›amerikanisches Venedig‹ ein

und der von 1948–51 bestandenen europäischen Kunstgruppe CoBra sowie zeitgenössische kubanische und lateinamerikanische Kunst zeigt. Ergänzt wird das Angebot durch Wechselausstellungen.

Unweit von hier bietet das **Museum of Discovery and Science** (401 Southwest 2nd Street, Tel. 954/467 66 37, www.mods.org, Mo–Sa 10–17, So 12–18 Uhr) interaktive Ausstellungsbereiche zu den Themen Wissenschaft und Natur. So erfährt man Näheres zur Weltraumforschung, und eine originelle, riesige Uhr mit mehreren Kugelbahnen demonstriert Schwerkraft. Außerdem werden Floridas Ökosysteme vorgestellt, insbesondere das Leben in den Everglades. Im eindrucksvollen *IMAX 3D-Kino* laufen 3D-Filme im Riesenformat mit modernster Klangtechnik.

Gut 2,5 km nördlich des Las Olas Boulevard erstreckt sich der **Hugh Taylor Birch State Park** (3109 East Sunrise Boulevard, Tel. 954/564 45 21, www.floridastateparks.org/hughtaylorbirch, tgl. 8 Uhr bis Sonnenuntergang). Seine Lagunen, Mangroven und Hartholzbäume erstrecken sich zwischen Atlantik und Intracoastal Waterway. Am *Visitor Center* kann man Kanus ausleihen und auf den ruhigen Wassern des Intracoastal Waterway dahinpaddeln, ein kurzer *Wanderpfad* führt in die Mangroven hinein und es gibt einen Zugang zum *Strand*.

Etwa 13 km südlich von Downtown Fort Lauderdale nimmt der dünen- und mangrovenbesetzte **John U. Lloyd Beach State Park** (6503 North Ocean Drive, Tel. 954/923 28 33, www.floridastateparks.org/lloydbeach, tgl. 8 Uhr bis Sonnenuntergang) die Spitze einer schmalen Halbinsel zwischen Atlantik und Intracoastal Waterway ein. Seine Attribute sind ein weißsandiger Badestrand am Atlantik, Angelpiers und ein Kanuverleih.

In **Davie** südwestlich von Fort Lauderdale befinden sich die **Flamingo Gardens** (3750 South Flamingo Road, Tel. 954/473 29 55, www.flamingogardens.org, tgl. 9.30–17 Uhr). Eine 25-minütige Trambusfahrt (11–16 Uhr, immer zur vollen Stunde) vermittelt einen Überblick über die botanischen Gärten mit Regenwald und Küstenflachland, Greifvogelgehege, Freiflugvoliere mit Flamingos und anderen tropischen Vögeln sowie Seen mit Alligatoren und Flussottern.

In der wunderbaren Freiflugvoliere der **Butterfly World** (3600 West Sample Road, Tel. 954/977 44 00, www.butterflyworld.com, Mo–Sa 9–17, So 11–17 Uhr) im **Trade-**

winds Park in Coconut Creek nordwestlich von Fort Lauderdale leben unzählige einheimische und exotische Schmetterlinge sowie farbenfrohe Vögel.

ℹ Praktische Hinweise

Information
Greater Fort Lauderdale Convention & Visitors Bureau, 100 East Broward Boulevard, Suite 200, Fort Lauderdale, Tel. 954/765 44 66, 800/227 86 69, www.sunny.org

Bootstouren
Jungle Queen Riverboat, 801 Seabreeze Boulevard, Fort Lauderdale, Tel. 954/462 55 96, www.junglequeen.com. Täglich 9.30 und 13.30 Uhr dreistündige Sightseeingfahrten und 18 Uhr vierstündige Dinnerfahrten ab Bahia Mar Marina.

TOP TIPP **Water Taxi**, 413 Southwest 3rd Avenue, Fort Lauderdale, Tel. 954/467 66 77, www.watertaxi.com. Am Intracoastal Waterway und am New River liegen 16 Wassertaxi-Haltestellen. Preiswerte *All Day Passes* berechtigen einen Tag lang zu unbegrenzt vielen Fahrten.

Einkaufen
TOP TIPP **Sawgrass Mills**, 12801 West Sunrise Boulevard, Fort Lauderdale, Tel. 954/846 23 00, Mo–Sa 10–21.30, So 11–20 Uhr, www.simon.com/mall/sawgrass-mills. Direktverkauf ab Hersteller in einer der größten Outlet Malls der Welt mit über 350 Geschäften, 40 Restaurants und IMAX-Riesenleinwandkino.

Swap Shop, 3291 West Sunrise Boulevard, Fort Lauderdale, Tel. 954/791 79 27, www.floridaswapshop.com. Flohmarkt und Basar in Hallen (tgl. 8–17 Uhr) und unter freiem Himmel (tgl. ab 6 Uhr), über 2000 Händler für neue und gebrauchte Waren sowie ein Bauernmarkt.

Hotels
******Riverside Hotel**, 620 East Las Olas Boulevard, Fort Lauderdale, Tel. 954/467 06 71, 800/325 32 80, www.riversidehotel.com. Das elegante, nostalgisch-charmante Haus von 1937 steht am bekanntesten Straßenzug Fort Lauderdales. Mit exzellentem Restaurant.

*****The Away Inn**, 4653 North Ocean Drive, Lauderdale-By-The-Sea, Tel. 954/202 65 99, 877/671 29 29, www.awayinn.com. Kleines, familiäres Hotel nur einen Block vom Strand entfernt und mit eigenem Pool. Alle Zimmer und Apartments sind mit einer kleinen Küche ausgestattet.

Restaurants
Lola's on Harrison, 2032 Harrison Street, Hollywood, Tel. 954/927 98 51, www.lolasonharrison.com. Ausgezeichnete amerikanische Küche abseits des Hamburgers in einem Vorort von Fort Lauderdale (So/Mo geschl.).

Mai-Kai Restaurant, 3599 North Federal Highway (= Highway 1), Fort Lauderdale, Tel. 954/563 32 72, www.maikai.com. Polynesisches Restaurant mit der Küche des Südpazifiks. Dinner tgl. ab 17 Uhr, danach tropisch-bunte Tanzshows.

Shoppingfreuden für Schnäppchenjäger – die Sawgrass Mills Outlet Mall in Fort Lauderdale

Boca Raton

Pastellfarbene Architektur und fantastische Natur.

Zwischen Palm Beach und Fort Lauderdale liegen so beliebte Ferienorte wie Boca Raton und Delray Beach, die zugleich begehrte Domizile der Stars und Wohlhabenden sind. Kilometerweit ziehen sich auf schmalen, lang gestreckten Nehrungsinseln vor der Küste ruhige Atlantikstrände dahin.

Bis heute prägen Bauten *Addison Mizners* Boca Raton. Der exzentrische Architekt entwarf in den frühen 1920er-Jahren, vor dem Zusammenbruch des Florida Landbooms, Boca Raton als Traumstadt im spanisch-mediterranen Stil. Mit Vorliebe ließ er pink- und pastellfarbene Häuser mit hübschen roten Ziegeldächern und schattigen Arkaden erbauen. Prächtigstes Beispiel seiner fantasievollen Schaffenskraft ist das **Cloister Inn**, in dem jetzt das mondäne ›Boca Raton Resort & Club‹ (501 East Camino Real, s. S. 48) residiert.

Der von Addison Mizner inspirierte **Mizner Park** (327 Plaza Real, Tel. 561/362 06 06, www.miznerpark.com, Mo–Sa 10–21, So 12–18 Uhr) beeindruckt als elegant konzipiertes *Einkaufsviertel* in spanisch-mediterranem Ambiente am Federal Highway (Highway 1). Luftige Arkaden, schicke Boutiquen und elegante Restaurants, ein Amphitheater, Brunnen und palmenbeschattete Bürgersteige sind Merkmale des reizvollen Viertels.

Im **Gumbo Limbo Nature Center** (1801 North Ocean Boulevard, Bayside, Tel. 561/544 86 05, www.gumbolimbo.org, Mo–Sa 9–16, So 12–16 Uhr) führt ein schattiger Wanderweg durch typische *Ökosysteme* der Küste: Dünen, Hartholz-Bauminseln, Palmenbestände und Mangrovendickichte. Sehenswert sind zudem Exemplare des wegen seiner dünnen, rötlichen, abschälenden Borke auch ›Tourist Tree‹ genannten Gumbo Limbo (Weißgummi-

Farbenfrohe Extravaganz – das von Addison Mizner entworfene Boca Raton Resort and Club

10 Boca Raton

Die Hektik des modernen Lebens ist im beschaulichen Delray Beach weit entfernt

baum) aus der Familie der tropischen Balsambaumgewächse. Im *Nature Center* zeigen vier große Salzwassertanks unterschiedliche Ökosysteme der Küsten Südfloridas. Vom *Aussichtsturm* schweift der Blick weit über das dichte grüne Blätterdach und die silberglänzenden Wasserflächen des Intracoastal Waterway.

Gegenüber vom Gumbo Limbo Nature Center erstreckt sich der **Red Reef Park** (1400 North A1A), wo man nur wenige Meter vom Badestrand entfernt über künstlich angelegten Steinriffen zwischen bunten Fischschwärmen schnorcheln kann.

Ausflüge

Am nordwestlichen Stadtrand – bereits in **Delray Beach** – beschäftigt sich das **Morikami Museum and Japanese Gardens** (4000 Morikami Park Road, Tel. 561/495 02 33, www.morikami.org, Di–So 10–17 Uhr) mit der Historie der ersten japanischen Farmer, die sich im frühen 20. Jh. als *Yamato Colony* in Boca Raton ansiedelten, sowie mit japanischer Kunst und Kultur. Hinter dem Museumsgebäude erstreckt sich auf gut 80 ha einer der größten japanischen Gärten der USA.

Gut 21 km westlich befindet sich das **Arthur R. Marshall Loxahatchee National Wildlife Refuge**, ein Naturschutzgebiet der Everglades, in dem Alligatoren, zahlreiche Wasservogelarten sowie Waldstörche leben. Von der Parkinformation der *Headquarters Area* (10216 Lee Road, Boynton Beach, Abzweig vom Highway 441 zwischen SR 804 und SR 806, Tel. 561/732 36 84, https://loxahatcheefriends.com, tgl. 9–16 Uhr) im Ostteil des Schutzgebietes läuft man 600 m auf den Windungen des *Cypress Swamp Boardwalk* durch einen wunderschönen Zypressensumpf. Bromelien, Luftpflanzen, Orchideen und Farne gedeihen in den Astgabeln, an den Ästen und am Fuß der Bäume. Einen vollkommen anderen Lebensraum durchquert der auf einem nahen Deich entlangführende, 2 km lange *Marsh Trail*, der weite Blicke über das meist baumlose, schilf- und grasbestandene Marschland erlaubt, das den Frischwasservorrat für die Bevölkerung speichert.

Praktische Hinweise

Bootstouren

Loxahatchee Everglades Tours, 15490 Loxahatchee Road (SR 827), Parkland, Tel. 561/482 61 07, 800/683 58 73, www.evergladesairboattours.com. Südlich knapp außerhalb der Schutzzone des Loxahatchee National Wildlife Refuge gibt es tgl. von 10–16 Uhr (im Sommer tgl. 9–17 Uhr) Airboattouren durch das Schilfgras.

47

10 Boca Raton

Luxus garantiert – Palm Beachs Grandhotel The Breakers

Hotels

******Boca Raton Resort & Club**, 501 East Camino Real, Boca Raton, Tel. 561/447 30 00, 888/543 12 77, www.bocaresort.com. 1926 von Addison Mizner erbautes Grandhotel.

*****Delray Beach Marriott**, 10 North Ocean Boulevard, Delray Beach, Tel. 561/274 32 00, 877/389 01 69, www.marriott.com/pbidr. Hotel in mediterranem Stil gegenüber vom Strand, mit Pool, Arkadengängen und Wasserfall.

Restaurant

J & J Seafood Bar and Grill, 634 East Atlantic Avenue, Delray Beach, Tel. 561/272 33 90, www.jjseafooddelray.com. Das Lokal serviert frische Fisch- und Meeresfrüchtespezialitäten (So geschl.).

11 Palm Beach

Traditionell nobel: Leben und Urlauben am Palmenstrand.

Palmenbestandene Boulevards, eine subtropisch-charmante Atmosphäre, grüne Viertel mit den Villen der Wohlhabenden hinter Mauern und üppigen Hecken kennzeichnen Palm Beach – kurzum, ein gepflegter Wohnort und ein attraktives Urlaubsziel. Downtown Palm Beach schmückt sich mit der *Worth Avenue* (www.worth-avenue.com), einer der exklusivsten Einkaufsmeilen diesseits des Atlantiks, an der sich schicke Boutiquen, edle Antiquitätengeschäfte und Kunstgalerien aneinanderreihen.

Der Eisenbahnmagnat *Henry Morrison Flagler* erkannte im ausgehenden 19. Jh. das Potenzial Südfloridas als Winterurlaubsziel und verlängerte seine Florida East Coast Railway bis in das damals verschlafene Örtchen Palm Beach. Mit der Ankunft der Eisenbahn 1894 entstand auf der heutigen Royal Poinciana Plaza auch das **Royal Poinciana Hotel**, das weltgrößte aus Holz erbaute Hotel. Von Flaglers hier errichteten Grand Hotels der Gründerjahre steht jedoch nur noch das 1926 auf den Mauern des abgebrannten ›Palm Beach Inn‹ errichtete **The Breakers** [s. S. 50], das nach wie vor zu Floridas Spitzenhotels gehört.

Südlich der Royal Poinciana Plaza liegt das Viertel *Whitehall*. Wo sich heute im originalgetreu dekorierten **Henry Morrison Flagler Museum** (1 Whitehall Way, Tel. 561/655 28 33, www.flagler.org, Di–Sa 10–17, So 12–17 Uhr) der opulente Reichtum

11 Palm Beach

des frühen 20. Jh. bestaunen lässt, wurde von Mitte der 1920er- bis Ende der 1950er-Jahre ein Hotel betrieben. Ursprünglich hatte Flagler den noblen Wohnsitz 1902 anlässlich seiner dritten Hochzeit erbauen lassen. Eine marmorne Eingangshalle führt zu Kunstschätzen und Antiquitäten aus aller Welt, Statuen schmücken einen malerischen Innenhof. Auf dem Grundstück steht auch Flaglers Eisenbahnwaggon ›The Rambler‹ aus dem Jahr 1886.

Die nördlich von Palm Beach gelegene **Singer Island** wurde in den 1920er-Jahren von *Paris Singer,* dem Sohn des berühmten Nähmaschinenfabrikanten erschlossen. Heute ist die ruhige Insel mit Hotels und Ferienwohnungen der höheren Kategorie gespickt, im Jachthafen schaukelt ein Meer von Masten. Viel Erfolg versprechen die in der **Sailfish Marina** (Tel. 561/844 17 24, www.sailfishmarina.com) an der Südwestseite der Insel beginnenden *Hochseeangeltouren,* in den Schaukästen vor den Anlegern hängen Fotos der schuppigen Trophäen aus. Von hier aus starten auch die Sightseeingboote von **Palm Beach Water Taxi** [s. S. 50] zu eineinhalbstündigen Ausflugsfahrten auf dem Lake Worth.

Zwischen Atlantik und Lake Worth nimmt der ursprüngliche **John D. MacArthur Beach State Park** (10900 Jack Nicklaus Drive (SR A1A), Tel. 561/624 69 50, www.floridastateparks.org/macarthurbeach, tgl. 8 Uhr bis Sonnenuntergang) den Mittelteil von Singer Island ein. Durch den schattigen Hartholzwald der Umgebung schlängeln sich kurze *Naturpfade*. Ein 500 m langer Holzsteg überbrückt die flache, mangrovengesäumte Bucht des Lake Worth und führt zu den bewachsenen *Sanddünen,* unterhalb derer sich lang und schmal der Atlantikstrand erstreckt. Wer nicht laufen will, dem sei die hier verkehrende *Trambahn* (tgl. 10–16 Uhr) empfohlen. An den ruhigen Strandabschnitten des Parks legen zwischen Anfang Mai und Ende August *Meeresschildkröten* ihre Eier ab.

West Palm Beach, die Stadt westlich des Lake Worth, entstand aus den Wohnvierteln von Flaglers Eisenbahnarbeitern. Die große Nachbarin von Palm Beach ist heute das kommerzielle Zentrum der Region. Lohnend ist ein Besuch des **Norton Museum of Art** (1451 South Olive Avenue, Tel. 561/832 51 96, www.norton.org, Di/Mi, Fr/Sa 10–17, Do 10–21, So 11–17 Uhr). Das erstklassige Kunstmuseum zeigt Werke amerikanischer Künstler von 1870 bis heute. Zu den Höhepunkten der Sammlung gehören französische Kunst des 19./20. Jh. mit Gemälden von *Claude Monet, Paul Gauguin* u. a. sowie *chinesische Kunstgegenstände* aus Jade und Porzellan. Auch die Ausstellung zeitgenössischer Fotografie ist interessant.

Interaktive Ausstellungsbereiche bietet das **South Florida Science Center** (4801 Dreher Trail North, Tel. 561/832 19 88,

Exklusive Einkaufsmeile – die Worth Avenue in Palm Beach

11 Palm Beach

Reger Bootsverkehr herrscht an solch schönen Tagen am Jupiter Inlet

www.sfsciencecenter.org, Mo–Fr 9–17, Sa/So 10–18 Uhr), ein kleines Wissenschaftsmuseum mit Aquarium im Dreher Park. Das dem Museum angeschlossene *Dekelboum Planetarium* zeigt sehenswerte Sternen- und Lasermusikshows.

Praktische Hinweise

Information

Palm Beach County Convention & Visitors Bureau, 1555 Palm Beach Lakes Boulevard, Suite 800, West Palm Beach, Tel. 561/233 30 00, 800/554 72 56, www.palmbeachfl.com

Einkaufen

TOP TIPP **The Gardens Mall**, 3101 P G A Boulevard, Palm Beach Gardens, Tel. 561/775 77 50, www.thegardensmall.com. Mo–Sa 10–21, So 12–18 Uhr. Modernes, elegantes Einkaufszentrum mit tropischem Ambiente im Vorort Palm Beach Gardens. Auf mehreren Etagen bietet es über 150 Boutiquen und Spezialitätengeschäfte.

Bootstouren

Palm Beach Water Taxi, Sailfish Marina, 98 Lake Drive, Singer Island, Tel. 561/683 82 94, www.sailfishmarina.com. Viermal tgl. von 10–16 Uhr 90 min. Rundfahrten über den Lake Worth.

Hotels

*****The Breakers, 1 South County Road, Palm Beach, Tel. 561/655 66 11, 888/273 25 37, www.thebreakers.com. Grandhotel von 1926 im Stil der italienischen Renaissance. Direkt am Strand mit Golfplatz im Garten.

TOP TIPP *****Grandview Gardens Bed & Breakfast**, 1608 Lake Avenue, West Palm Beach, Tel 561/833 90 23, www.grandview-gardens.com. Edle Frühstückspension von 1925 im mediterranen Stil im Viertel Grandview Heights. Mit schönem Pool im Garten und Leihrädern für Touren in die Umgebung.

Restaurant

Testa's Restaurant, 221 Royal Poinciana Way, Palm Beach, Tel. 561/832 09 92, www.testasrestaurants.com. Seit 1921 beliebtes Restaurant mit Straßencafé. Auf der Karte stehen Fisch, Fleisch und Pasta.

13 Hutchinson Island

12 Jupiter

Ein Park, um die Seele baumeln zu lassen, und ein Leuchtturm mit Geheimnis.

Hauptanziehungspunkt des kleinen Ortes ist das dunkelrote **Jupiter Inlet Lighthouse & Museum** (500 Captain Armour's Way, Tel. 561/747 83 80, www.jupiterlighthouse.org, Jan.–April tgl. 10–17, Mai–Dez. Di–So 10–17 Uhr) am *Jupiter Inlet* nördlich des Zentrums. Seit 1860 leitet der Leuchtturm mit seinen etwa 30 km weit reichenden Lichtzeichen Schiffe entlang der riffreichen Küste. Von der *Aussichtsetage* auf 32 m Höhe erscheint der Golfstrom als dunkler Fluss im Meer vor der Küste. Die Ausstellung des zugehörigen Museums zeigt Exponate zur hiesigen Geschichte. Dank seiner einsamen, aber verkehrsgünstigen Lage an einem Meeresarm diente Jupiter während der Prohibition in den 1920er-Jahren als Hafen für den florierenden Alkoholschmuggel von den Bahamas.

Ausflug

Eine märchenhaft friedliche Stimmung breitet sich 10 km nördlich von Jupiter zur Sonnenuntergangszeit an dem gezeitenbeeinflussten *Loxahatchee River* aus, wenn der Fluss orangefarben glüht, Seekühe zum Luftschnappen auftauchen, Angler ihre Leinen auswerfen und die letzten Paddler von ihrer Tour zurückkommen. Den mit Kiefern- und Sägepalmettowald bestandenen **Jonathan Dickinson State Park** (16450 SE Federal Highway 1, Tel. 772/546 27 71, www.floridastateparks.org/jonathandickinson, tgl. 8 Uhr bis Sonnenuntergang) an seinen Ufern kennzeichnet ein großer Vogel- und Fischreichtum. Eine weitere Attraktion des Parks sind die zweistündigen *Bootsausflüge* mit der **Loxahatchee Queen** (tgl. 9–15 Uhr, s. u.). In geruhsamem Tempo geht es zur *Trapper Nelson Site*, wo dieser ›Wildman of the Loxahatchee‹ 1936–68 lebte und einen Wildpark aufbaute. Noch eindrucksvoller ist die gleiche Tour per *Kanu* (Kanuverleih am Ende der Parkstraße). Der gemächliche Fluss lässt sich problemlos befahren, Abstecher in die Buchten oder unterwegs einmündende Bäche sind ein Erlebnis. Kurze *Wanderpfade* ziehen sich durch den Kiefernwald längs des Flusses.

Praktische Hinweise

Unterkunft

Jonathan Dickinson State Park, 16450 SE Federal Highway 1, Tel. 772/546 27 71, www.floridastateparks.org/jonathandickinson. Übernachten in Blockhütten und Campingplatz (Tel. 800/326 35 21, www.reserveamerica.com)

13 Hutchinson Island

Von Zitrusfrüchten und Manatis, von Ranches und Stränden.

›Treasure Coast‹ – ›Schatzküste‹ nennt sich die Region der beiden schmalen, lang gestreckten Nehrungsinseln Hutchinson Island und North Hutchinson Island – wohl wegen der mit Gold und anderen Kostbarkeiten beladenen spanischen Galeonen, die hier in früheren Jahrhunderten den Stürmen und Riffen zum Opfer fielen. Gelegentlich finden Taucher noch immer etwas Wertvolles zwischen den Riffen, die sich an vielen *Schiffswracks* gebildet haben. Auch ohne Tauchausrüstung versprechen die Strände Spaß bei zahlreichen *Wassersportaktivitäten*.

Von der Kleinstadt **Stuart** mit ihrem liebevoll gepflegten Zentrum im Stil des frühen 20. Jh. geht es über den *Indian Ri-*

51

ver, der entlang der Schatzküste das Festland von den Inseln trennt, nach **Hutchinson Island**. Der warme Sand der Inseln ist die größte Brutstätte für Meeresschildkröten. Jedes Jahr im Juni und Juli legen dort mehrere tausend Tiere ihre Eier ab. Rund acht Wochen danach schlüpfen die Jungen aus, um bedroht von hungrigen Möwen und anderen Gefahren unverzüglich ins Meer zu krabbeln. Im Rahmen von Führungen können die Schildkröten u. a. im *Sebastian Inlet State Park* (9700 South A1A, Tel. 321/984 48 52, www.floridastateparks.org/sebastianinlet, Juni/Juli Nachtführungen mit Voranmeldung) beobachtet werden.

Auch im südlicher gelegenen **Hobe Sound National Wildlife Refuge** (13640 Highway 1, Tel. 772/546 61 41, www.fws.gov/hobesound; Nature Center Tel. 772/546 20 67, www.hobesoundnaturecenter.com) finden die Schildkröten ein hervorragendes Eiablagegebiet vor. Vom Erfolg kann man sich Ende Mai bis Mitte Juli bei Nachtwanderungen selbst überzeugen (nur mit Reservierung). Die Zufahrt zum Naturschutzgebiet auf **Jupiter Island** erfolgt 25 km südlich von Stuart über die Bridge Road. Dort bietet der nach Norden hin einsame Sandstrand schöne Bade- und Wanderziele.

Kurz vor dem Südende von Hutchinson Island präsentiert das regionalgeschichtliche **Elliott Museum** (825 Northeast Ocean Boulevard, Tel. 772/225 19 61, www.elliottmuseumfl.org, tgl. 10–17 Uhr) Gebrauchsgegenstände aus der hiesigen Gründerzeit, eine Oldtimer-Sammlung sowie eine Baseball-Ausstellung. Seit der Wiedereröffnung 2013 nach Modernisierung und Erweiterung gibt es auch spannende Wechselausstellungen zu sehen.

Weiter südlich existiert mit dem **House of Refuge Museum at Gilbert's Bar** (301 Southeast MacArthur Boulevard, Tel. 772/225 18 75, www.houseofrefugefl.org, Mo–Sa 10–16, So 13–16 Uhr) die letzte verbliebene der ursprünglich zehn an Floridas Ostküste erbauten Rettungsstationen. Wo heute maritim-historische Ausstellungen zu sehen sind, fanden ab 1875 Seeleute leckgeschlagener Schiffe Zuflucht.

Manatis – sanfte Seekühe

Akut in ihrer Existenz gefährdet sind die in der Karibik und Florida beheimateten Westindischen Manatis (›Trichechus manatus‹, engl. ›Manatees‹) mit einem Bestand von nur ca. 5000 Tieren in Florida. Die **Rundschwanz-Seekühe** bevorzugen Rückzugsräume mit über 20 °C warmem Wasser und genügend Seegras, von dem sich die ›Vegetarier‹ vorwiegend ernähren. Im Winter schwimmen die friedfertigen Säugetiere oft in den Bereich warmer Quellen wie Homosassa Springs oder Blue Spring. Ebenso gern halten sie sich in erwärmten Wasserläufen in der Nachbarschaft von Kraftwerken auf, wie im **Manatee Regional Park** bei Fort Myers oder bei Fort Pierce. Vom Ufer, von Brücken oder Piers aus lassen sich mit etwas Glück die zum Luftholen auftauchenden, dicken Schnauzen erspähen. Der Rest des bis zu 4 m langen und bis zu 500 kg schweren torpedoförmigen Körpers bleibt unter Wasser.

In **No Wake Zones** in bevorzugten Manati-Regionen reduziert man heute die Bootsgeschwindigkeit auf Schrittgeschwindigkeit. Dennoch werden viele der gemächlichen Seekühe, deren graubraune Farbe sie im nährstoffreichen, trüben Brackwasser gut tarnt, bei Bootsunfällen verletzt oder getötet. Einmal in Gefangenschaft, verlieren die empfindlichen Tiere jedoch ihre Fähigkeit, in freier Natur zu überleben, sodass auch die Aufzucht in Zoos den Manati-Bestand nicht sichern kann (www.myfwc.com/manatee).

Nur im Zoo darf man den gemütlichen Manatis so nahe kommen

13 Hutchinson Island

Die Küste der schmalen Nehrungsinseln eignet sich hervorragend zum Schorcheln

Aufgrund seiner geschützten Lage besonders bei Familien sehr beliebt ist der **Bathtub Reef Beach** am Südende von Hutchinson Island. Das türkisblau leuchtende, klare Wasser der von einem Riff umschlossenen, flachen und warmen Bucht eignet sich gut zum Planschen, Schwimmen und Schnorcheln.

Am Nordufer des Fort Pierce Inlet, das North Hutchinson von Hutchinson Island trennt, erstreckt sich der **Fort Pierce Inlet State Park** (905 Shorewinds Drive, Tel. 772/468 39 85, www.floridastateparks.org/fortpierceinlet, tgl. 8 Uhr bis Sonnenuntergang), ein besonders an Wochenenden von Sonnenanbetern, Surfern und Schwimmern besuchter *Strandpark* mit Dünen, Küstenwald und Mangroven. Taucher können hier ohne Boot vom Strand ins Wasser steigen. Ein separater Parkteil ist das auf einer Halbinsel im Indian River gelegene, mangrovenbedeckte Vogel- und Naturschutzgebiet *Jack Island Preserve*. Die einsame Insel umrundet ein 7 km langer Wanderweg.

Auf dem Festland befindet sich am Kraftwerk in Fort Pierce das **Manatee Observation and Education Center** (480 North Indian River Drive, Tel. 772/429 62 66, www.manateecenter.com, Juli–Sept. Do–Sa 10–17, Okt.–Juni Di–Sa 10–17, So 12–16 Uhr). Das Kühlwasser des Kraftwerks erwärmt den Moore's Creek an dieser Stelle um 4°C, sodass sich hier insbesondere im Winter rund 30 Manatis versammeln. Ab und zu sieht man, wie sie ihre Nasen aus dem Wasser recken, um Luft zu holen. Das Center informiert über die Lebensbedingungen und -gewohnheiten der Seekühe.

Bekannt für ihre ausgedehnten *Zitrusplantagen* ist nördlich von Fort Pierce die Region Indian River. Bei **Hale Groves** (River Market, 9250 US Hwy 1, Wabasso, Tel. 772/58199 15, www.halegroves.com) kann man je nach Erntesaison Grapefruits, Orangen, Kreuzungen verschiedener Zitrusfrüchte und die aus den Früchten gewonnenen Säfte probieren und kaufen.

Praktische Hinweise

Information

St. Lucie County Tourist Information Center, 2000 Virginia Avenue, Fort Pierce, Tel. 800/344 84 43, www.visitstluciefla.com

Stuart/Martin County Chamber of Commerce, 1650 South Kanner Highway, Stuart, Tel. 772/287 10 88, www.stuartmartinchamber.org/

Einkaufen

Vero Beach Outlets, 1824 94th Drive (an der I-95, Ausfahrt 147), Vero Beach, Tel. 772/770 60 97, www.verobeachoutlets.com, Mo–Sa 9–20, So 11–18 Uhr. Direktverkauf in über 50 Geschäften, v.a. Mode.

Unterkunft

Pirate's Cove Resort and Marina, 4307 Southeast Bayview Street, Stuart, Tel. 772/287 25 00, www.piratescoveresort.com. Großes Marina-Resort an der Manatee Pocket südlich von Stuart, mit Restaurant und Pool. Touren zum Tiefseefischen starten von der Marina, Angelrute und Köder werden gestellt.

Südliche Golfküste – von den Mangroveninseln zu den schönsten Muschelstränden

Mit dem **Everglades National Park** beginnt direkt am Stadtrand Miamis die größte subtropische Wildnis der USA. Weit über die willkürlich festgelegten Grenzen des Parks hinaus reicht das Ökosystem Everglades bis in angrenzende Parks. Durch die uralten Zypressenbestände des **Big Cypress Swamp**, die ein Bild des ursprünglichen Florida vermitteln, führen erhöhte Sumpfstege. Das am Rande der Ten Thousand Islands gelegene **Everglades City** eignet sich wunderbar als Ausgangspunkt für Bootsfahrten. Weiße Palmenstrände sind das Wahrzeichen von **Naples**. Die vielleicht schönsten Muschelstrände der Welt erstrecken sich auf **Sanibel** und **Captiva Island**.

14 Everglades National Park

Der Fluss aus Gras: wichtig für Floridas Wasserversorgung, unentbehrlich für die Natur.

Unmittelbar dort, wo das Häusermeer Miamis [s. S. 18] aufhört, beginnen die Everglades. Bis zur Küste des Golfs von Mexiko nimmt der Nationalpark die gesamte Südspitze Floridas einschließlich der von Mangroveninseln gesprenkelten Florida Bay ein. Nicht zuletzt dank seiner **wilden Ursprünglichkeit** bleibt der größte Teil des Everglades National Park den Tieren vorbehalten. Der Park bietet Vogel- und anderen Tierarten der Subtropen, Tropen und der gemäßigten Zonen einen gemeinsamen Lebensraum: Er liegt auf einer *Zugvogelroute* von Süd- nach Nordamerika, der im Süßwasser

14 Everglades National Park

heimische *Mississippialligator* ist hier Nachbar des seltenen salzwasserliebenden *Amerikanischen Krokodils* und die wenigen *Florida Panther* (Florida Puma) streifen scheu durch die Graslandschaft.

1947 wurde Floridas berühmtester Nationalpark gegründet. Nur eine Straße führt bis heute tiefer in das Schutzgebiet hinein, zum ehemaligen Fischerhafen Flamingo. Ansonsten berühren Asphaltbänder wie in Everglades City [s. S. 57] im Westen und entlang des Tamiami Trail an der nördlichen Parkgrenze nur die Randbereiche.

›**Fluss aus Gras**‹ nannte die engagierte Naturschützerin *Marjory Stoneman Douglas* (1890–1998), die sich einen Großteil ihres Lebens mit Erfolg für die Everglades einsetzte, die Landschaft. Die friedliche Kulisse der Everglades ist beinah tischeben und an der höchsten Stelle nicht einmal 2,50 m hoch. Und doch fließt das Wasser, denn die Everglades sind kein Sumpf, sondern ein grasbestandener Fluss, 80 km breit und nur 30–90 cm tief. Sein Wasser stammt aus dem *Lake Okeechobee*, der mit 56 km Länge, 48 km Breite und einer Wasserfläche von 1890 km² Floridas größter See ist. Von hier fließt der *Shark River Slough* mit einer Geschwindigkeit von weniger als 100 m am Tag in die Everglades.

Der Everglades National Park – Wasser und Graslandschaften soweit das Auge reicht

Wasser ist ohne Zweifel das Lebenselixier der Region. Wie kein anderes Ökosystem unterliegen die Everglades dem jahrtausendealten Zyklus von Feuchtigkeit und Trockenheit. Herrscht sommerlicher Überschuss, verteilt sich das Wild weiter im nahrungsreichen Umland. Im trockeneren Winter versammelt sich das Leben in Wassernähe, und so bestehen weit größere Chancen, dort Alligatoren und andere Tiere zu beobachten. Neben dem ›Fluss aus Gras‹ existiert der **Mangrovenwald** als zweites großes Ökosystem der Everglades. Die zähen Mangroven profitieren von der nährstoffreichen Mischung aus Süß- und Salzwasser an den Küsten. Mit ihren stelzwurzelig verflochtenen Gruppen, kleinen Inseln und verschlungenen Wasserwegen bilden die immergrünen Bäume den allmählichen Übergang des Festlandes zum Meer.

Die 61 km lange Parkstraße bis Flamingo bietet in ihrem Verlauf Zugang zu *Wanderwegen* und *Holzstegen* durch völlig unterschiedliche ökologische Zonen. Von Mai bis November ist ein gutes Mückenspray absolut unentbehrlich.

Bei *Royal Palm* in der Nähe des *Ernest Coe Visitor Center* [s. S. 57] beginnt **TOP TIPP** der **Anhinga Trail**, ein teils asphaltierter, teils über breite Holzstege verlaufender Pfad von 1,2 km Länge. Besonders in den Wintermonaten bieten sich hervorragende Tierbeobachtungsmöglichkeiten (Alligatoren!) am *Taylor Slough*, dem nach dem Shark River

55

Everglades National Park

Anhinga Trail: Holzstege führen über die Alligatorenteiche des Everglades National Park

bedeutendsten Wasserstrom der Everglades. *Anhingas* (Schlangenhalsvögel) sitzen auf dürren Ästen und lassen mit ausgebreiteten Flügeln ihr nasses Gefieder, dem eine wasserabweisende Fettbeschichtung fehlt, von der Sonne trocknen. *Schildkröten* und *Schlangen* bewegen sich lautlos durch die Ufervegetation.

Ebenfalls 1 km ab Royal Palm, aber in die entgegengesetzte Richtung, führt der **Gumbo Limbo Trail** durch die Laubwaldgemeinschaft einer nur minimal erhöhten *Bauminsel* (›Hammock‹). Der wegen seiner rötlichen, abschälenden dünnen Borke auch ›Tourist Tree‹ genannte Gumbo Limbo (Weißgummibaum) ist ein tropisches Balsambaumgewächs.

Gelegenheit zum Beinevertreten bietet auch der 1 km lange **Pineland Trail** durch den ein wenig höher gelegenen und damit trockenen subtropischen Kiefernwald der Everglades. Hier tritt der

Sensibles Gleichgewicht

Eine Fahrt durch die Everglades führt durch die Wildnis, flache **Graslandschaften** erstrecken sich bis zum Horizont, allein unterbrochen von den dunklen Silhouetten einzelner, nur minimal höher und trockener gelegener **Bauminseln**. Um das komplexe Leben dieses einzigartigen **Ökosystems** zu begreifen, muss man aus dem Auto aussteigen, hineinschauen in das Gras und die **Mangrovendickichte**, wandern oder kanufahren.

Doch diese ursprüngliche Landschaft ist in Gefahr. Holzbarone holzten viele Wälder ab, für Zuckerrohrplantagen wurden gewaltige Flächen trockengelegt. Auch der enorme Wasserbedarf der Metropole Miami wird aus den Reservoirs der Everglades gestillt.

Besonders verheerend wirkte sich der Bau des 230 km langen **Hoover Dikes** aus. Dieser Damm umgibt seit den 1930er-Jahren den Lake Okeechobee, nur über Kanäle fließt sein Wasser seither in die verbliebenen Everglades. Zwar schützt er die umliegenden Städte vor Überschwemmungen, doch zerstörte er den für die Everglades so wichtigen natürlichen Wasserkreislauf. Deshalb plante Floridas Regierung seit Mitte der Nullerjahre den **Ankauf** großer Plantagen des Zuckerherstellers US Sugar Corporation, die zwischen dem See und dem Everglades Nationalpark liegen. Diese Ländereien sollten renaturiert und als natürliches **Rückhaltebecken** bei Stürmen genutzt werden. Auch die Kanäle wollte man zurückbauen und das Wasser wieder frei fließen lassen. Doch angesichts der Wirtschaftskrise in den USA wurden diese Pläne aufgeschoben.

15 Everglades City

Kalkstein unter dem Bewuchs zutage. Einen Zypressenwald quert der 500 m lange Holzsteg zum Aussichtsturm am *Pahayokee Overlook* am Rande der weiten Graslandschaft des Shark River Slough.

Auf halber Distanz Richtung Flamingo beginnt der **Mahogany Hammock Trail**, der als Holzsteg knapp 1 km durch eine Region mit Mahagonibäumen, Würgefeigen und anderen tropischen Pflanzen führt. Rund 50 km hinter dem Parkeingang schlängelt sich der **West Lake Trail** durch Mangrovendickicht zum gleichnamigen See. Trotz der vielen Mücken ist der 1 km lange Holzsteg einer der schönsten Wanderwege im gesamten Park.

Am Straßenende in **Flamingo** befindet sich am Hafen das *Flamingo Visitor Center* (rund 60 km südlich des Parkeingangs, Tel. 239/695 29 45, Jan.–April tgl. 8–16.30 Uhr). Dort kann man Kanus und Kajaks ausleihen und von Rangern begleitete, zweistündige Schiffsausflüge machen. Einzige Unterkunftsmöglichkeit ist ein Campingplatz.

An den am nördlichen Rand des Parks verlaufenden **Tamiami Trail** (Highway 41) grenzt das vom Shark River Slough dominierte *Shark Valley*. Am *Shark Valley Visitor Center* (36000 Southwest 8th Street, Tel. 305/221 87 76, tgl. 9.15–17.15 Uhr) beginnen *Tram-Busfahrten* (www.sharkvalleytramtours.com) durch den nördlichen Teil des Parks. Am Scheitelpunkt der 12 km langen Strecke erlaubt ein Aussichtsturm Ausblicke auf die Gras- und Wasserwildnis ringsum. Eindrucksvoll posieren die *Alligatoren* in den trockeneren Wintermonaten fotogen am Wegesrand. Ein Fahrradverleih am Shark Valley Visitor Center ermöglicht das Abfahren der Route auf eigene Faust.

ℹ Praktische Hinweise

Information
Ernest Coe Visitor Center,
40001 State Road 9336, Homestead, Tel. 305/242 77 00,
www.nps.gov/ever, tgl. 9–17 Uhr

Bootstouren
Flamingo Marina, Flamingo,
Tel. 239/695 31 01, www.everglades nationalparkboattoursflamingo.com. Bootstouren, Kanu- und Kajakverleih.

Camping
Flamingo Campground, Flamingo, Tel. 877/444 67 77, www.recreation.gov

15 Everglades City

Verträumtes Dorf am Rand der 10 000 Inseln.

Nur rund 300 Einwohner zählt der kleine Ort Everglades City an der Chokoloskee Bay am Nordweststrand des Everglades National Park. In der Ortsmitte steht die etwas überdimensionierte **City Hall** (Collier County Courthouse, 207 Broadway).

In den Everglades sind Rosalöffler (oben), Alligator (Mitte) und Flamingo (unten) zu Hause

15 Everglades City

Reif für die Insel – fast jedem sein Eiland im Garten Eden der Ten Thousand Islands

Sie wurde 1928 als Gerichtsgebäude erbaut und kündet von der seinerzeit nicht realisierten Idee, in den westlichen Everglades eine Stadt zu errichten.

Vom *Gulf Coast Visitor Center* (815 Oyster Bar Lane, Tel. 239/695 33 11, tgl. 9–16.30 Uhr) an der SR 29 legen Ausflugsboote zu Touren durch die **Ten Thousand Islands** des Nationalparks ab. Auf der Fahrt durch die ausgedehnte Mangrovenwildnis der ›10 000 Inseln‹ sind mit etwas Glück Delfine, Seekühe, Weißkopfseeadler und diverse Seevogelarten zu beobachten. Everglades City ist auch Startpunkt von *Airboat Rides*, die nur außerhalb der Nationalparkgrenzen fahren dürfen.

Ausflüge

Das 5 km südlich von Everglades City auf einer Insel gelegene, heute ganz vom Nationalpark umgebene Örtchen **Chokoloskee** wurde um 1870 als Farmer- und Fischerort gegründet. Die früheren Anwohner der Chokoloskee Bay, der Stamm der *Calusa,* haben der Nachwelt lediglich einige mit Muschelschalen aufgeschüttete Inseln wie Chokoloskee hinterlassen. Nostalgische Gefühle weckt im Dorf die verwitterte Fassade des **Historic Smallwood Store & Museum** (360 Mamie Street, Tel. 239/695 29 89, www.smallwoodstore.com, Dez.–April tgl. 10–17, sonst 11–17 Uhr). Der 1906 von Ted Smallwood eröffnete Kolonialwarenladen wurde als *Museum* und Andenkenladen wiederbelebt. Sein überquellendes Sortiment reflektiert den Geschmack und das Angebot an einem zivilisatorischen Außenposten im Florida des frühen 20. Jh.

Die City Hall in Everglades City war ursprünglich für eine viel größere Stadt geplant

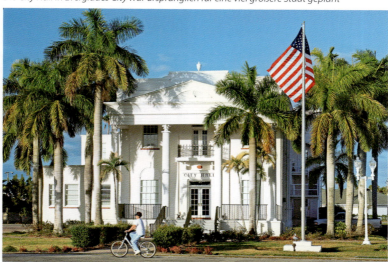

15 Everglades City

30 km nordwestlich von Everglades City (Highway 41) lohnt sich ein Abstecher in den großartigen **Collier-Seminole State Park** (20200 East Tamiami Trail, Tel. 239/394 33 97, www.floridastateparks.org/collierseminole, tgl. 8 Uhr bis Sonnenuntergang). Die artenreiche Landschaft am Übergang von Everglades [s. S. 54] und Big Cypress Swamp [s. S. 60] umfasst Mangroven- und Zypressensümpfe ebenso wie Hartholzwälder, Bestände seltener Königspalmen sowie Salz- und Frischwassermarschen. Ein Kanuverleih am Visitor Center ermöglicht Paddeltouren auf dem *Blackwater River*. Der im Park ausgestellte *Original-Schaufelbagger* grub in den 1920er-Jahren die für den Neubau des Tamiami Trail (Highway 41) benötigte Erde heraus.

Etwa 40 km nördlich von Everglades City liegt **Marco Island** (Info: 1102 North Collier Boulevard, Tel. 239/394 75 49, 888/330 14 22, www.marcoislandchamber.org) vor der Küste. Die größte der Ten Thousand Islands [s. S. 58] ist ein beliebtes Urlaubsziel. Was 1964 noch ein kleines Fischerdorf war, gilt heute als eine der ersten Ferienadressen Floridas mit scheinbar endlos aneinandergereihten Hotelketten und Apartmentanlagen entlang der Küste. Die Gassen in Marco Islands altem Ortskern, gesäumt von kleinen Geschäften und Restaurants, sind ein Anziehungspunkt. Die Insel besticht durch ihr gepflegtes gehobenes Ambiente, viele Straßen sind von Palmenreihen gesäumt.

Praktische Hinweise

Information
Everglades Area Chamber of Commerce Welcome Center, 32016 Tamiami Trail East, Tel. 239/695 39 41, www.evergladeschamber.com

Bootstouren
Everglades National Park Boat Tours, ab Gulf Coast Visitor Center, Tel. 239/695 25 91, www.evergladesnationalparkboattoursgulfcoast.com. Kanuverleih und tgl. 9–17 Uhr 90-minütige Fahrten in die Mangrovenwildnis der Ten Thousand Islands.

Hotel
******Olde Marco Island Inn & Suites**, 100 Palm Street, Marco Island, Tel. 239/394 31 31, www.oldemarcoinn.com. Das Hotel mit ausgezeichnetem Restaurant residiert in einem 1883 errichteten Gebäude auf Marco Island.

59

16 Big Cypress National Preserve

Klein, aber fein – das Postamt in Ochopee ist das kleinste der USA

16 Big Cypress National Preserve

Von mächtigen Zypressen und winzigen Postämtern.

Mit seiner landschaftlichen und ökologischen Vielfalt gehört das Big Cypress National Preserve zu den abwechslungsreichsten Bereichen der Everglades-Region. Es beherbergt ein komplexes *ökologisches Geflecht* aus Kiefernwald, Hartholz-Bauminseln, Marschen, Mangroven, Grasland und großen, jahrhundertealten *Sumpfzypressen*. Ein Drittel des Naturschutzgebietes ist von dieser nur 1,20 m hohen, kleinwüchsigen Zypressenvariante bestanden. In Big Cypress darf, anders als im vollständig geschützten Everglades National Park [s. S. 54], eine eingeschränkte Nutzung der Ressourcen erfolgen, so die Jagd, die Ölförderung und auch Airboatfahrten.

Quer durch den Park führt von Miami bis nach Naples der Highway 41 bzw. Tamiami Trail. Von ihm aus starten kurze Wanderwege oder sogenannte Scenic Drives, die mit dem Auto befahrbar sind. Ein erster Stopp lohnt sich am kleinen Oasis Visitor Center [s. u.], von dessen *Wildlife Viewing Platform* über einem Kanal man beste Gelegenheit hat, Alligatoren aus nächster Nähe zu beobachten. Ein Stück weiter westlich führt der *Kirby Storter Trail* auf einem Holzplankenweg tief in die geheimnisvollen Sumpfzypressenwälder hinein. Safari-Gefühl entsteht kurz vor Ochopee auf dem 17 Meilen langen *Turner River Road Loop*, einer Schotterstraße unmittelbar neben einem

Geheimnisvoll wirken die jahrhundertealten Sumpfzypressen im Big Cypress National Preserve

16 Big Cypress National Preserve

Flusslauf, an dem sich vor allem in den Wintermonaten Alligatoren, Schildkröten und verschiedenste Vögel tummeln.

Am Südwestrand des Parks am Tamiami Trail (Highway 41) steht in **Ochopee** das offiziell ›kleinste Postamt der USA‹. Das winzige, weißgetünchte Häuschen mit blauem Briefkasten, über dem an einem Fahnenmast das Sternenbanner im Wind flattert, war ursprünglich ein Werkzeugschuppen.

Ochopee und die wenigen anderen Ansiedlungen im Big Cypress Swamp gehen zumeist auf die Camps der Holzfäller und Bauarbeiter aus der Entstehungszeit des 1928 vollendeten **Tamiami Trail** zurück, der Straße von Tampa nach Miami. Nichts schien damals das Fortschrittsstreben bremsen zu können, gegen Ende der 1960er-Jahre gerieten die östlichen Everglades sogar in Gefahr, trockengelegt unter der Asphaltdecke eines Flughafens zu verschwinden. Für die Tierbeobachtung weisen die Entwässerungsgräben beiderseits des Tamiami Trail, in denen sich insbesondere im Winter häufig *Alligatoren* versammeln, einen eher positiven Effekt auf.

Ausflüge

Westlich von Miami leben heute Nachfahren derjenigen indigenen Bewohner, die sich nach dem Zweiten Seminolenkrieg (1835–42) in den Everglades verstecken konnten und nicht in den Westen der USA deportiert wurden, in der *Miccosukee Indian Reservation*. Als populärer Stopp am Tamiami Trail illustriert neben dem Shark Valley das **Miccosukee Indian Village** (MM 70, Tel. 305/552 83 65, www.miccosukee.com, tgl. 9–17 Uhr) wenig östlich der Parkgrenzen Stationen des indianischen Lebens in Südflorida einst und heute. Das in traditionellem Stil erbaute *Chickee-Hüttendorf* lockt mit Handwerksvorführungen, Alligatorenshows und Kunstgewerbeverkauf. Gleich gegenüber starten die *Miccosukee-Airboat-Fahrten* in die Graslandschaften an der Nordseite des Tamiami Trail, inklusive Stopp auf einer mit einigen Chickees bebauten Insel. Das Nationalparkgebiet südlich der Straße ist für Airboote gesperrt.

TOP TIPP Westlicher Nachbar des Big Cypress National Preserve ist der **Fakahatchee Strand Preserve State Park** (137 Coastline Drive, Copeland, Tel. 239/695 45 93, www.floridastateparks.org/fakahatcheestrand, tgl. 8 Uhr bis Sonnenuntergang). Zu Fuß betritt man Fakahatchee

Mangroven

Während der boomenden Entwicklung Floridas wurden die Mangroven-Küstenwälder als wertloses Buschwerk abgeholzt. Erst spät erkannte man die unentbehrliche Funktion der tropischen Pflanze im empfindlichen **Ökosystem** am Südzipfel des Staates: Diese Gezeitenwälder schützen die Küste vor den erodierenden Auswirkungen der Stürme und Überschwemmungen, zudem lagert sich zwischen ihren **Stelzwurzeln** Schlick und angeschwemmtes Füllmaterial an, die Basis neuen Landes. In dem flachen Brackwasser zwischen den Wurzeln liegen die Kinderstuben vieler Fisch- und Krebsarten. Die abfallenden Blätter der Mangroven dienen als Nahrung für die Mikroorganismen, die ihrerseits Leckerbissen für Jungfische, Krebse und andere Tiere sind, welche wiederum von den Vögeln als attraktives Futter geschätzt werden.

Nur wenige Baumarten haben sich auf die Lebensbedingungen in den Everglades spezialisiert. Dem Ufer am nächsten wächst die **rote Mangrove** (Rhizophora mangle), eine der drei immergrünen, salzwassertoleranten Mangrovenarten, die in der Lage sind, Frischwasser aus dem Meer zu extrahieren. Die zahlreichen rötlichen Stelzwurzeln, ihr Markenzeichen, senken sich vom Stamm aus in den schwabbeligen, schlammigen Boden. Um die Stämme der weiter im Inland gedeihenden **schwarzen Mangrove** (Avicennia germinans) recken sich viele zigarrenähnliche ›Pneumatophoren‹ in die Höhe, die als Atemwurzeln für den Baum dienen. Auf dem trockeneren, leicht höher gelegenen Land wachsen die an ovalen Blättern und den fehlenden Stelzwurzeln erkennbaren **weißen Mangroven** (Laguncularia racemosa).

auf einem 600 m langen *Holzsteg* am Big Cypress Bend (Highway 41, 20 km westlich von Ochopee) – eine ungemein eindrucksvolle *Wanderung* inmitten über 30 m hoher, bis zu 600 Jahre alter, dicht mit Spanischem Moos behangener Sumpfzypressen. Aus dem dunklen Wasser ragen die zur Sauerstoffversorgung und Stabilität der Bäume notwendigen abgerundeten Atemwurzeln hervor. Den nährstoff-

16 Big Cypress National Preserve

reichen Boden haben die feuchtigkeitsliebenden Zypressen mit einem ›Strand‹ besetzt, einem lang gezogenen Wald von insgesamt 30 km Länge und 5–8 km Breite, den ein langsam in nordsüdlicher Richtung fließender Wasserlauf ohne erkennbare Uferlinien durchquert. In der trockeneren, weniger schwülen Jahreszeit zwischen Dezember und März werfen die Bäume ihre Nadeln ab und sehen kahl aus.

Praktische Hinweise

Information
Big Cypress National Preserve,
Oasis Visitor Center, 52105 Tamiami Trail (Highway 41), Ochopee, Tel. 239/695 12 01, www.nps.gov/bicy, tgl. 9–16.30 Uhr

17 Naples

*Floridas Westküste:
Ferien vom Feinsten.*

Von einem kleinen Fischerhafen ist Naples zu einem hochrangigen Ferienort an der südlichen Golfküste gewachsen. Mit seinen palmenbestandenen Straßen, den feinen Restaurants, schicken Boutiquen, interessanten Kunstgalerien und nicht zuletzt den langen, von Hotelhochhäusern flankierten Stränden macht es dem Ostküsten-Prominentenparadies Palm Beach [s. S. 48] Konkurrenz. Besonders schön lässt sich Naples per Fahrrad erkunden, viele Hotels bieten deshalb einen Fahrradverleih an.

Naples' Wahrzeichen ist die 300 m lange, denkmalgeschützte **Fishing Pier** (12th Avenue South). Der 1888 erbaute Landungssteg ist ein Relikt aus alten Tagen, als das 80-Seelen-Dörfchen nur vom Meer aus zu erreichen war. Mittlerweile ist er besonders bei *Anglern* und Beobachtern des Sonnenuntergangs begehrt. Schwärme von *Pelikanen* picken kreischend und flatternd nach Beute und segeln dann majestätisch davon.

Folgt man von der Pier aus der 12th Avenue South drei Blocks stadteinwärts, so erreicht man die Einkaufsstraße **Third**

Sehen und gesehen werden gilt auf Naples nobler 5th Avenue South

17 Naples

Wahres Strandvergnügen – Entspannung mit Blick auf Naples Fishing Pier

Street South (Tel. 239/434 65 33, www.thirdstreetsouth.com). Hier lässt es sich wunderbar flanieren oder in noblen Straßencafés und Restaurants das Publikum beobachten. Gleiches gilt für Naples bedeutendste Shoppingmeile, die **5th Avenue South** (www.fifthavenuesouth.com) 2 km weiter nördlich. Weiter östlich gelangt man zur Naples Bay, wo zahlreiche Jachten vor Anker liegen. Dort laden in den *Tin City Waterfront Shops* (1200 5th Avenue South, Tel. 239/262 42 00, www.tin-city.com) über 30 Geschäfte und Restaurants mit ihrem nostalgischen Flair zum Bummeln ein.

Das **Baker Museum** (5833 Pelican Bay Boulevard, Tel. 239/254 26 20, www.artisnaples.org/baker-museum, Di–Sa 10–16, So 12–16 Uhr) am nördlichen Stadtrand ist in den Kulturkomplex *Artis-Naples* integriert. Unter einer Glaskuppel präsentieren auf drei Stockwerken verschiedene Galerien u. a. Gemälde, Skulpturen und Zeichnungen amerikanischer Künstler des 20. Jh.

Wunderbares Badevergnügen bietet der **Delnor-Wiggins Pass State Park** (11135 Gulfshore Dr., Tel. 239/597 61 96, www.floridastateparks.org/delnorwiggins, tgl. 8 Uhr bis Sonnenuntergang) mit zuckerweißem, ruhigem Sandstrand nördlich der Vanderbilt Beach. Noch etwas weiter nördlich verlockt der **Barefoot Beach Preserve County Park** (Barefoot Beach Road, Bonita Springs) mit seinem beinah unberührten Strand tatsächlich so richtig zum Barfußlaufen.

Ausflüge

Das von Menschenhand weitgehend unangetastete **Corkscrew Swamp Sanctuary** (375 Sanctuary Rd. West, 25 km nordöstlich der I-75, Ausfahrt 111 via CR 846, Tel. 239/348 91 51, www.corkscrew.audubon.org, tgl. 7–17.30 Uhr) ist nach den korkenzieherähnlichen Windungen des dortigen Sumpfflusses benannt. Neben Kiefernwald, Marsch und feuchtem Grasland existiert hier einer der großen, selten gewordenen Altbestände von *Sumpfzypressen* in Florida. Die fast 40 m hohen, bis zu 600 Jahre alten Baumveteranen gehören zu einem Ausläufer des weiter südöstlich gelegenen Big Cypress Swamp. Knapp 4 km *Holzstege* schlängeln sich durch die verschiedenen *Feuchtbiotope*, in denen sich eine Fülle an Farnen, wilden Orchideen und Bromelien ausbreitet. Graues Spanisches Moos hängt in langen Bärten von den Bäumen herab und die abgerundeten Pneumatophoren (Atemwurzeln) der Zypressen lugen aus dem Wasser. *Stelzvögel* trippeln auf den schwankenden, grünen Blättern der wie ›Salate‹ aussehenden Schwimmpflanzen und *Alligatoren* liegen scheinbar regungslos im Wasser.

63

17 Naples

Praktische Hinweise

Information
Naples Visitor Information Center, 900 Fifth Avenue South, Naples, Tel. 239/262 61 41, www.napleschamber.org

Hotel
***Vanderbilt Beach Resort**, 9225 Gulf Shore Drive North, Naples, Tel. 239/597 31 44, 800/243 90 76, www.vanderbilt beachresort.com. Schöne Apartments direkt am weißen Vanderbilt Beach, mit Pool und Tennisplatz. Im Restaurant serviert man gute Fischspezialitäten.

Restaurant
M Waterfront Grille, 4300 Gulf Shore Boulevard North, Naples, Tel. 239/263 44 21, www.mwaterfrontgrille.com. Meeresfrüchte und Seafood in Perfektion im Venetian Village, mit schöner Terrasse an der Bucht und großer Bar.

18 Fort Myers

Die Erfindung der Glühbirne und andere Inspirationen.

Fort Myers' Markenzeichen sind lange Alleen von *Königspalmen* am Unterlauf des Caloosahatchee River. Viele der stattlichen Bäume ließ der hier zeitweise ansässige Erfinder Thomas Alva Edison um 1900 aus Kuba importieren, einige Exemplare am attraktiven McGregor Boulevard soll er sogar selbst gepflanzt haben.

Einen guten Eindruck vom Lebensstil wohlhabender Bürger am Ende des 19. Jh. gewinnt man bei einem Besuch der **Edison & Ford Winter Estates** (2350 McGregor Boulevard, Tel. 239/3347419, www.edisonfordwinterestates.org, tgl. 9–17.30 Uhr) am Caloosahatchee River. Der einfallsreiche Elektrotechniker *Thomas Alva Edison* (1847–1931) hatte sich hier 1886 als Winterwohnsitz die *Seminole Lodge* bauen lassen. Damit war der geniale Erfinder von Glühbirne, Grammophon und Filmkamera einer der ersten bekannten ›Snowbirds‹, wie die Winterflüchtlinge aus dem Norden in Florida genannt werden. Edisons Domizil dient heute als *Museum* und zeigt Hunderte seiner Erfindungen sowie ein *Chemielabor* mit technischen Gerätschaften aus dem Fundus des Forschers. Den riesigen *Banyanbaum* im Garten schenkte ihm übrigens 1925 der Reifenfabrikant Harvey Firestone. 1915 folgte der Industrielle *Henry Ford* (1863–1947) dem Beispiel seines Freundes Edison und erwarb im Jahre 1916 das Nachbargrundstück samt dem Anwesen *Mangoes*. Originalgetreu möbliert, lohnt auch Fords Winterresidenz einen Besuch.

Angelockt vom warmen Kühlwasser des lokalen Heizkraftwerks, das direkt in den Orange River fließt, verbringen die Manatis kühle Wintertage gerne im **Manatee Lee County Park** (10901 State Road 80, Tel. 239/690 50 30, www.leeparks.org, tgl. 8 Uhr bis Sonnenuntergang). Der Park ist mit einem *Informationszentrum* sowie mit mehreren Beobachtungspunkten ausgestattet und bietet die Chance (am besten von November bis März), die seltenen Seekühe in Freiheit zu beobachten und Interessantes über ihr Unterwasserleben zu erfahren.

Gelungene Abendunterhaltung erlebt man im **Broadway Palm Dinner Theatre** (1380 Colonial Boulevard, Tel. 239/278 44 22, www.broadwaypalm.com, Dinner 17.30 Uhr, Show 19.30 Uhr, auch Matineen mit Lunch um 11.45, Show um 13.15 Uhr). Nach einem üppigen Buffet amüsieren bunte Broadwayshows.

Ausflug

Gut 35 km nördlich von Fort Myers liegt die **Babcock Ranch**, von der aus *Babcock Wilderness Adventures* (8000 SR 31, Punta Gorda, Tel. 800/500 55 83, www.babcock

An heute unentbehrliche Ideen erinnert das Labor des Tüftlers Thomas Alva Edison

Entspanntes Flanieren im lebhaften Zentrum von Fort Myers Beach

wilderness.com, Reservierung notwendig) Touren anbietet. Bei der anderthalbstündigen Eco-Tour mit einem *Swamp Buggy* über das 360 km² große Areal des Viehzuchtbetriebs sieht man Herdentiere ebenso wie Bisons, verwilderte Hausschweine oder Kraniche, im Sumpf kann man *Alligatoren* beim Sonnen beobachten.

Praktische Hinweise

Information

Lee County Visitor & Convention Bureau, 2201 Second Street, Suite 600, Fort Myers, Tel. 239/338 35 00, 800/237 64 44, www.fortmyers-sanibel.com

Einkaufen

Miromar Outlets, 10801 Corkscrew Road, Estero, Tel. 239/948 37 66, www.miromaroutlets.com, Mo–Sa 10–21, So 11–18 Uhr. Tropisch gestylte, weitläufige Outlet-Mall mit über 140 namhaften Geschäften.

Hotel

*****Sanibel Harbour Marriott Resort & Spa**, 17260 Harbour Pointe Drive, Fort Myers, Tel. 239/466 40 00, 800/228 92 90, www.sanibel-resort.com. Parkumgebenes Luxushotel in drei Gebäudekomplexen, direkt an der Brücke nach Sanibel Island gelegen. Mit umfangreichem Wellnessangebot und mehreren guten Restaurants und Bars.

Fort Myers Beach

Das reinste Urlaubsvergnügen.

Fort Myers Beach liegt auf *Estero Island*, die durch die Estero Bay vom Festland getrennt ist. Ihre rund 11 km Sandstrände mit sanft abfallenden Uferlinien bedeuten ›Strandleben pur‹. An der Nordspitze der lang gestreckten Insel finden sich die meisten Vergnügungs- und Unterhaltungsangebote. Im strandnahen Zentrum um den **Times Square** trifft man sich abends zum Bummeln und zum Essen, hier konzentrieren sich in bunter Vielfalt Souvenirgeschäfte, Restaurants und Bars. Man kann Bungee-Jumpen und Parasailen, Jetskis, Wasserfahrräder und Wassersportzubehör ausleihen, und daneben wird ein breit gefächertes *Unterhaltungsprogramm* auf die Beine gestellt. Zum **Spring Break** im März und April strömen Tausende von feriengelaunten College-Studenten auf die Insel, um sich bei zahlreichen Veranstaltungen zu amüsieren und zu feiern.

Ausflug

Südlich von *Estero Island* folgt mit dem nur auf kurzen Fußwegen oder per Pendelbus von der Westseite der SR 865 zugänglichen **Lovers Key State Park** (8700 Estero Boulevard, Tel. 239/463 45 88, www.floridastateparks.org/loverskey, tgl. 8 Uhr bis Sonnenuntergang) ein landschaftli-

19 Fort Myers Beach

ches Kleinod. Es umfasst vier Inseln an einem weitgehend unerschlossenen Küstenabschnitt mit Mangrovenbewuchs und paradiesischen 4 km langen Sandstränden auf Lovers Key, der westlichsten Insel. In dem viel besuchten Park kann man mit Kanu, Kajak oder Rad (Verleih am Eingang) schnell in die ruhigen Ecken der verschlungenen Inseln entschwinden.

ℹ Praktische Hinweise

Information
Greater Fort Myers Beach Area Chamber of Commerce, 1661 Estero Boulevard, Fort Myers Beach, Tel. 239/454 75 00, www.fortmyersbeach.org

Bus
Beach Trolleys, Tel. 239/533 87 26, www.rideleetran.com, tgl. 6.10–21 Uhr. Die Busse fahren z. B. entlang des Estero Boulevard parallel zum Strand zwischen Bowditch Park (Nordspitze von Estero Island) und Lovers Key State Park.

Hotel
****Edison Beach House**, 830 Estero Boulevard, Fort Myers Beach, Tel. 239/463 15 30, 800/399 25 11, www.edison beachhouse.com. Kleines Hotel direkt am Strand, alle Suiten haben eine Küche und einen Balkon mit Meerblick.

20 Sanibel Island und Captiva Island

Grüne, subtropische Inseln mit weißen, sandigen Rändern.

Sanibel Island und Captiva Island, idyllische Ferieninseln mit ausgezeichneten kilometerlangen Stränden, sind mit dem Festland über eine 5 km lange Dammstraße verbunden. Gemächliches Strandleben vereint sich mit ruhigem, subtropischem Inselambiente, in das geschmackvoll Cafés und Restaurants, kleine Geschäfte, Boutiquen, Hotels und Ferienwohnungen eingebettet sind.

Sanibel Island
Palmen überragen hier fast alles, denn auf beiden Inseln dürfen Gebäude nicht höher als 13,70 m sein. Allein die Delfin-Wetterfahne auf der **City Hall** erreicht einige Zentimeter mehr, und der 1884 erbaute **Leuchtturm** am östlichen Inselende ist mit seinen 30 m Höhe Sanibels

unübersehbares Wahrzeichen. Der wenig frequentierte *Lighthouse Beach* zu seinen Füßen verspricht pures Urlaubsvergnügen. Auf einem in Florida einzigartigen *Radwegenetz* lässt sich die völlig ebene, fast 20 km lange Insel zwischen Sanibel Causeway und Blind Pass hervorragend erkunden, man kann quer durch das *J. N. ›Ding‹ Darling National Wildlife Refuge* oder um die Seen des *Bailey Tract* radeln.

Sowohl Sanibel, die größere der beiden Inselschwestern, als auch Captiva besitzen prachtvolle muschelübersäte **Strände**, die Charles Lindberghs Ehefrau Anne Morrow zu den Lebensbetrachtungen in ihrem Buch ›Muscheln in meiner Hand‹ inspirierten. Da der schüsselförmige, warme Golf von Mexiko keine Riffe besitzt, werden die Schalen der Meerestiere hier zumeist wohlbehalten an den Strand geschwemmt. Zu den ›ertragreichsten‹ Muschelstränden

TOP TIPP gehört Sanibels **Bowman's Beach**. Auf der Suche nach den begehrten Fundstücken nehmen die mit wachem Auge den Strand durchkämmenden ›Beachcombers‹ eine eigenartig gebeugte, als ›Sanibel Stoop‹ bekannte Körperhaltung ein. Ehrgeizige Sammler starten sogar schon vor Anbruch der Dämmerung im Schein ihrer Stirnlampe.

Über die ökologischen Funktionen der Schalentiere informiert das **Bailey-Matthews National Shell Museum** (3075 Sanibel-Captiva Road, Tel. 239/395 22 33, www.shellmuseum.org, tgl. 10–17 Uhr). Als Anschauungsmaterial dienen mehr als 200 000 Muscheln aus aller Welt. In der umfangreichen Bibliothek kann man seine gesammelten Schätze bestimmen.

Schöne Wildbeobachtungen ermöglicht der 8 km lange **Wildlife Drive** (Sa–Do 7 Uhr bis Sonnenuntergang) durch die von Sümpfen und Frischwassermarschen durchsetzte Mangrovenwildnis des vogelreichen **J. N. ›Ding‹ Darling National Wildlife Refuge** (Tel. 239/472 11 00, www.fws.gov/dingdarling, tgl. 7 Uhr bis Sonnenuntergang) führt. Vom Aussichtsturm auf halbem Weg überblickt man die subtropische Landschaft, Heimat von Pelikanen, weißen Ibissen, Schlangenhalsvögeln, Rosalöfflern, Reihern und vielen anderen Vogelarten. Alligatoren aus diesem Gebiet überqueren gelegentlich die Inselhauptstraße, wie Verkehrsschilder warnen. Das moderne *Education Center* (Jan.–April tgl. 9–17, Mai–Dez. tgl. 9–16 Uhr) gibt informative Einblicke in die regionale Flora und Fauna.

20 Sanibel Island und Captiva Island

Postkartenidylle an den weißen Sandstränden von Sanibel Island

Captiva Island

Westlich des *Blind Pass* schließt sich die schmale Captiva Island an Sanibel an. Sie wird nur vom Captiva Drive durchzogen und ist etwas weniger kommerziell entwickelt als ihre große Schwester. Am südlichen Inselende, gleich hinter dem Blind Pass, beginnt **Turner Beach**, Captivas weißer Bade- und Muschelstrand mit relativ starker Strömung – optimal lassen sich von hier die Sonnenuntergänge beobachten. Weit voraus eilt den Inseln der Ruf ihrer kleinen Kunstgalerien. Im Norden, wo sich Hotels, Restaurants, Galerien und Geschäfte konzentrieren, verkauft die **Jungle Drums Gallery** (11532 Andy Rosse Lane, Tel. 239/395 22 66, www.jungle drumsgallery.com, Mo–Sa 11–19 Uhr) Gemälde, Keramiken und Skulpturen.

Praktische Hinweise

Information

Sanibel & Captiva Island Visitor's Center, 1159 Causeway Road (am Ende des Causeway), Sanibel, Tel. 239/472 10 80, www.sanibel-captiva.org

Hotel

TOP TIPP ***West Wind Inn**, 3345 West Gulf Drive, Sanibel Island, Tel. 239/472 15 41, 800/824 04 76, www.west windinn.com. Weitläufige Ferienanlage mit gut ausgestatteten Zimmern und Apartments am Sandstrand, mit Radverleih, Tennisplätzen, Pool und Garten.

Restaurant

The Bubble Room, 15001 Captiva Drive, Captiva, Tel. 239/472 55 58, www.bubble roomrestaurant.com. Inmitten des sehr farbenfrohen Interieurs wird gute US-amerikanische Küche serviert.

67

Zentrale Golfküste – Sonne und Sand, Kunst und Kultur

Die Küste entlang des Golfs von Mexiko ist ein Badeparadies mit endlosen Sandstränden von **Sarasota** bis **Clearwater Beach**. Dazwischengesprenkelt liegen mit dem Ringling Museum of Art und dem Salvador Dalí Museum zwei der bedeutendsten *Kunsttempel* des Landes. Um die Tampa Bay ranken sich die Ausläufer der zusammenwachsenden Millionenmetropolen **Tampa** und **St. Petersburg**. Nach Norden wandelt sich die Küstenlandschaft drastisch, es überwiegen unzugängliche, unerschlossene Küstenstreifen. Nur wenige Stichstraßen führen zum Golf von Mexiko, z. B. nach **Cedar Key**, einem verträumten Nest aus dem 19. Jh.

21 Sarasota

Lebensart und Ferienfreuden zwischen Sümpfen und Meer.

Die *Sarasota Bay,* schon seit dem frühen 20. Jh. ein Ferienziel für sonnenhungrige ›Nordlichter‹, ist durch die vorgelagerten, schmalen Nehrungsinseln vor Wind und Wellen des Golfs von Mexiko geschützt. Viele Kilometer feine Sandstrände mit sachter Brandung laden dort zum Sonnenbaden und Schwimmen ein.

Sarasotas Museen und Theater haben der Region den Ruf der ›Kulturküste Floridas‹ eingebracht. Eng verbunden ist die kulturelle Entwicklung mit dem Namen *John Ringling* (1866–1936), der die Stadt 1927 als Winterquartier für seinen Ringling Brothers and Barnum & Bailey Circus aussuchte. Als Kunstmäzen investierte er einen Teil seines Vermögens in eine exzellente Kunstsammlung. Sie ist heute im **John and Mable Ringling Museum of Art** (5401 Bayshore Road, Tel. 941/359 57 00, www.ringling.org,

Luxuriöse Winterresidenz – die Cà d'Zan gehört zum John and Mable Ringling Museum of Art

Sarasota

Alles rosa – die Van Wezel Performing Arts Hall ist Sarasotas kulturelles Wahrzeichen

Fr–Mi 10–17, Do 10–20 Uhr) in einem imposanten Gebäude im Stil der italienischen Renaissance zu sehen. Besonders Ringlings Kollektionen von Renaissance- und Barockgemälden, u. a. mit Werken von Peter Paul Rubens, gehören zu den besten in den USA. Außerdem beherbergt das Museum Drucke, Skulpturen und Tapeten aus Europa von der Antike bis zum 19. Jh. Über dem kunstvollen, mit Reproduktionen berühmter Statuen geschmückten *Innenhof* erhebt sich am Westende eine Bronzekopie von Michelangelos ›David‹.

Weiterhin befinden sich auf dem kurz **The Ringling** bezeichneten Komplex die **Cà d'Zan**, (›Johns Haus‹ in venezianischem Dialekt), John und Mable Ringlings venezianisch inspirierte Winterresidenz am Flussufer. Der 1926 erbaute Terrakottapalast umfasst 56 Zimmer mit wertvollem Mobiliar und Kunstwerken. Im einstigen Wagentrakt ist das **Circus Museum** eingerichtet, das Sammlungen von Zirkusmemorabilien aus der Ringling-Ära beherbergt.

Auf einer Halbinsel südlich von Downtown liegen die tropischen **Marie Selby Botanical Gardens** (811 South Palm Avenue, Tel. 941/366 57 31, www.selby.org, tgl. 10–17 Uhr). Herausragend sind das *Tropical Conservatory* mit exotischen Epiphyten wie den prächtigen Orchideen, der majestätische *Banyan-Wald,* der verträumte *Waterfall Garden* mit zypressenbestandenen Gewässern und der blühende *Schmetterlingsgarten*.

In der **Van Wezel Performing Arts Hall** (777 North Tamiami Trail, Tel. 800/826 93 03, www.vanwezel.org) an der Sarasota Bay finden regelmäßig Musik- und Theateraufführungen statt, für Passanten ist die Halle mit ihrem auffälligen rosafarbenen Faltendach ein beliebtes Fotomotiv. Lila- und Rosatöne sind auch die vorherrschenden Farben der Straßenlaternen und anderer Gegenstände im Umfeld.

Ausflug

Im üppig bewaldeten, weitläufigen **Myakka River State Park** (13208 State Road 72, Tel. 941/361 65 11, www.floridastateparks.org/myakkariver, www.myakkariver.org, tgl. 8 Uhr bis Sonnenuntergang) erstreckt sich 27 km südöstlich von Sarasota einer der abwechslungsreichsten und ursprünglichsten Landstriche des Bundesstaats. Mit Spanischem Moos behangene Bäume beschatten schöne Abschnitte der Parkstraßen sowie Wanderwege. Eine Besonderheit ist der über den *Boylston Nature Trail* zugängliche *Canopy Walkway*: Er verläuft 8 m über dem Boden auf einer Holzbrücke durch die Wipfel der Bäume

21 Sarasota

und ermöglicht so einen eindrucksvollen Blick auf das Pflanzen- und Tierleben in luftiger Höhe. Am Ende hat man vom 25 m hohen Turm eine spektakuläre Aussicht über Wald, Sumpfgebiete und Graslandschaften.

Am Ufer des Myakka River leben Weißkopfseeadler, Kraniche, wilde Truthähne und Alligatoren. Die ruhigen Gewässer sind hervorragend für *Kanutouren* geeignet, ein Kanu-, Kajak- und Fahrradverleih existiert am Boat Basin (Tel. 941/923 11 20, www.myakkaoutpost.com). Nebenan starten gemächliche *Airboat-Fahrten* (tgl. 10, 11.30, 13 Uhr) über den Upper Myakka Lake (Tel. 941/365 01 00, www.myakkawildlife.com).

Praktische Hinweise

Information

Sarasota Visitor Information Center, 701 North Tamiami Trail, Sarasota, Tel. 941/957 18 77, 800/800 39 06, www.visitsarasota.org

Einkaufen

St. Armands Circle, Sarasota, Tel. 941/388 15 54, www.starmandscircleassoc.com. Über 130 Geschäfte gruppieren sich um den Kreisverkehr auf der kleinen Insel St. Armands Key: exklusive Boutiquen, Spezialitätengeschäfte und Restaurants.

Hotel

*****Rolling Waves Beach Cottages**, 6351 Gulf of Mexico Drive, Longboat Key, Tel. 941/383 13 23, www.rollingwaves.com. Kleiner Komplex aus gemütlichen Ferienhäusern am ruhigen Sandstrand.

Restaurant

TOP TIPP **Michael's On East**, 1212 East Avenue South, Midtown Plaza, Sarasota, Tel. 941/366 00 07, www.bestfood.com. Erstklassige, moderne amerikanische Küche mit passender Weinkarte und hervorragendem Service in elegantem Ambiente.

22 St. Petersburg

Nah am Wasser gebaut: die Stadt zwischen dem Golf von Mexiko und der Tampa Bay.

St. Petersburg, kurz ›St. Pete‹, verspricht Ferienatmosphäre an endlosen Stränden am Golf von Mexiko zwischen Clearwater

Plan S. 72 **22** St. Petersburg

Blick auf die nächtliche Skyline von Downtown St. Petersburg

Beach [s. S. 77] im Norden und St. Pete Beach im Süden. In Downtown, an der Tampa Bay, glänzen die futuristische Pier und das exzellente The Dalí Museum.

Bennant ist das von General John C. Williams Anfang der 1880er-Jahre als Sommerfrische gegründete St. Petersburg nach der Heimatstadt des russischen Immigranten *Peter Demens*, der 1888 die Eisenbahnlinie *Orange Belt Railroad* bis zur Golfküste verlängerte. St. Petersburg betrachtet sich auch als Geburtsort der kommerziellen Passagierluftfahrt, denn von der Stadt aus flog 1914 der Pilot Tony Jannus mit seinem Wasserflugzeug *Benoist* erstmals einen Fluggast 34 km weit über die Bucht nach Tampa. 1924 entstand die *Gandy Bridge* als erste Brücke über die Tampa Bay, zehn Jahre darauf der *Courtney Campbell Causeway*.

Populäre Attraktion im Zentrum der Stadt ist **The Pier** ❶ (800 2nd Avenue Northeast), die sich an der Verlängerung der 2nd Avenue Northeast 400 m weit in die Bucht hinausschiebt. Zur Zeit ist die umgekehrte, vierstöckige Pyramide am Ende der Pier gesperrt, der Zugang zur kompletten Halbinsel ist jedoch vollständig frei. Informationen über einen geplanten Neubau findet man unter www.stpete.org/thenewpier.

Heimat der umfangreichsten Kollektion des exzentrischen spanischen Künstlers Salvador Dalí ist das am Hafen gelegene **The Dalí Museum** ❷ (1 Dali Boulevard, Tel. 727/823 37 67, www.thedali.org, Mo–Sa 10–17.30, Do bis 20 Uhr, So 12–17.30 Uhr). Sehenswert ist allein schon der vom renommierten Architekturbüro HOK entworfene, spektakuläre Neubau, in dem das Museum seit 2011 residiert. Es präsentiert Arbeiten aus

Extravagantes Heim für einen exzentrischen Künstler – das neue Dalí Museum in St. Petersburg

22 St. Petersburg

allen Schaffensperioden *Salvador Dalís* (1904–89), von den ersten impressionistischen Bildern über die berühmten surrealistischen Meisterwerke bis hin zu den überdimensionalen Montagen aus seiner klassischen Periode.

Weiße **Sandstrände** und warme sanfte Brandung kennzeichnen die Nehrungsinseln zwischen *St. Pete Beach* und *Clearwater Beach,* die durch den 35 km langen Gulf Boulevard (SR 699) miteinander verbunden sind. Am Meeresufer lässt es sich herrlich entspannen. Eine Fülle von Hotels, Motels und Restaurants prägt die kleinen Ortschaften und das Freizeitangebot ist vielfältig. Man kann Motorboot fahren, segeln im Golf von Mexiko, angeln von Piers und von Charterbooten auf hoher See. Einer der schönsten Badestrände der Region liegt im eigentlich schon zu Clearwater gehörenden **Sand Key Park** ❸ (1060 Gulf Blvd., Tel. 727/588 48 52, www.pinellascounty.org/park) an der Nordspitze von Sand Key vor der Brücke nach Clearwater Beach.

In **Indian Shores** ❹ bietet sich als Alternative zum Sonnenbaden der Besuch des *Suncoast Seabird Sanctuary* (18328 Gulf Boulevard, Tel. 727/392 42 91, www.seabirdsanctuary.com, tgl. 9 Uhr bis Sonnenuntergang) an, einem Rehabilitationszentrum und Zoo für über 600 Meeresvögel, aber auch für Eulen und andere Vogelarten. Viele der aufgenommenen Pelikane haben sich an weggeworfenen Angelschnüren und -haken verletzt.

Von Long Key mit seinem Strandgetümmel lohnt sich die Weiterfahrt über fünf durch Straßen verbundene Inseln zum **Fort de Soto Park** ❺ (3500 Pinellas Bayway S., Tierra Verde, Tel. 727/552 18 62, www.pinellascounty.org/park, tgl. 7–23

72

22 St. Petersburg

Rosafarbener Luxus – das Don CeSar Beach Resort am Strand von St. Pete Beach

Uhr). Mittelpunkt der Oase am äußersten Südzipfel von St. Pete Beach mit Angelpiers und einem der besten Sandstrände Floridas ist das *Fort de Soto* auf Mullet Key. 1898 begannen hier die Bauarbeiten, kamen aber schon bald, während des Spanisch-Amerikanischen Krieges, zum Erliegen. Nur einige Mauern und Kanonen blieben erhalten. Aussichtspunkte überschauen die Öffnung der Tampa Bay, überspannt von der gelben *Sunshine Skyway Bridge,* dem Wahrzeichen von St. Petersburg, einer modernen, 6,6 km langen Brückenkonstruktion, 59 m über dem Wasser. Die noch erhaltenen Nord- bzw. Südrampen der alten, 1980 kollabierten Brücke sind Teil des *Skyway Fishing Pier State Park* (Tel 727/865 06 68, www.floridastateparks.org/skyway). Dort betreut Sunshine Skyway State Fishing Piers (www.skywaypiers.com) die mit über 6 km längste Fishing Pier der Welt.

ℹ Praktische Hinweise

Information
St. Petersburg Area Chamber of Commerce, 100 2nd Avenue North, Suite 150, St. Petersburg, Tel. 727/821 40 69, www.stpete.com

Tampa Bay Beaches Chamber of Commerce, 6990 Gulf Blvd., St. Pete Beach, Tel. 727/360 69 57, www.tampaybeaches.com

Einkaufen
John's Pass Village & Boardwalk, Madeira Beach, St. Petersburg, Tel. 727/394 07 56, www.johnspass.com. Promenade an der Brücke nach Treasure Island mit über 100 Restaurants und Geschäften.

Hotels
****Loews Don CeSar Hotel,** 3400 Gulf Boulevard, St. Pete Beach, Tel. 727/360 18 81, 800/282 11 16, www.doncesar.com. Grande Dame der lokalen Hotellerie: rosafarbenes Schlosshotel direkt am Strand, im mediterranen Stil von 1928.

***Postcard Inn,** 6300 Gulf Boulevard, St. Pete Beach, Tel. 727/367 27 11, 800/237 89 18, www.postcardinn.com. Am breiten Sandstrand von St. Pete Beach gelegene, gemütliche und stylishe Anlage mit Restaurant und Tiki Bar.

Restaurants
Casual Clam, 3336 9th Street North, St. Petersburg, Tel. 727/895 25 26, www.casualclam.com. Einfaches, populäres Seafood-Restaurant.

Ceviche, 10 Beach Drive, im Ponce de Leon Hotel, St. Petersburg, Tel. 727/209 22 99, www.ceviche.com. Von der spanischen Küche inspiriertes Lokal.

73

Riesige Skulpturen des Big Business – glänzende Wolkenkratzer in der Innenstadt von Tampa

23 Tampa

Zigarren, Vergnügungsparks und Big Business an der Tampa Bay.

Wo die spanischen Entdecker noch eine immense Wasserwildnis vorfanden, breitet sich heute an den Buchten und Flüssen von Old Tampa Bay und Hillsborough Bay eine **Großstadt** aus.

Tampas Entwicklung vom verschlafenen Dorf zur geschäftigen, von glitzernden Wolkenkratzern geprägten Metropole begann 1884, angestachelt durch *Henry Plants* Erweiterung seiner Eisenbahnstrecken bis zum Hillsborough River. Plant propagierte die Region erstmals als Ferienziel und baute erlesene Hotels für ein ebensolches Publikum. 1886 gründete der kubanische Einwanderer *Vicente Martínez Ybor* nach seinem Zwischenstopp in Key West eine Zigarrenfabrik in Tampa und legte damit den Grundstein der florierenden *Zigarrenindustrie* und ihrer hispanischen Basis in Ybor City. Im Spanisch-Amerikanischen Krieg von 1898 begann Tampas Karriere als Militärhafen, mittlerweile entwickelte sich der Hafen zum mit Abstand größten in Florida.

TOP TIPP Tampas beliebteste Attraktion sind die **Busch Gardens** ❶ (10165 N McKinley Drive, Tel. 888/800 54 47, www.buschgardens.com, Kernzeiten tgl. 10–18 Uhr), eine Kombination aus modernem Zoo und Vergnügungspark mit zahlreichen spektakulären Achterbahnen wie *Cheetah Hunt*, *Kumba* oder *Montu* mit mehreren Loopings. Bei der *Rhino Rally*, einer Landrover-Fahrt durch eine afrikanische Savanne, vorbei an Elefanten, Nashörnern, Giraffen, Zebras und anderen Steppentieren, wird der Wagen von einer Flutwelle mitgerissen. Im Myombe Reserve der *Marocco Section* sieht man Menschenaffen, in der benachbarten *Stanleyville Section* sorgt eine Wildwasserabfahrt auf der *Tanganyika Tidal Wave* für Spaß.

In unmittelbarer Nachbarschaft erfreut der Wasservergnügungspark **Adventure Island** (10001 N. McKinley Drive, Tel. 888/800 54 47, www.adventureisland.com, Mitte März–Anf. Sept. Kernzeiten tgl. 10–17 Uhr, erweiterte Öffnungszeiten s. Homepage, Anf. Sept.–Mitte März geschl.) die Herzen von Wasserratten.

Mit über 450 interaktiven Experimenten und Demonstrationen aus Naturwissenschaft, Technologie und Industrie ist das 3 km nordöstlich gelegene **Museum of Science and Industry** ❷ (4801 East Fowler Avenue, Tel. 813/987 60 00, www.mosi.org, Mo–Fr 9–17, Sa/So 9–18 Uhr), kurz MOSI, das größte naturwissenschaftliche Museum Floridas und eine unterhaltsame Wissensquelle. Besucher erleben in *Disasterville* verschiedene Windstärken und lernen Waldbrände und Vulkane kennen. Im *Butterfly Garden* beobachten sie frei fliegende Schmetterlinge, im *Saunders Planetarium* werden Sternenshows präsentiert. Und im *IMAX Dome Theatre*, dem einzigen in Florida mit gekrümmter Riesenleinwand, glauben Filmzuschauer, mitten im Geschehen zu sitzen.

Zu den besten Aquarien des Bundesstaates gehört das **Florida Aquarium** ❸ (701 Channelside Drive, Tel. 813/273 40 00, www.flaquarium.org, tgl. 9.30–17 Uhr) am Südstrand von Downtown. Rekonstruierte aquatische Ökosysteme folgen dem Wasser Floridas, von den unterirdisch gelegenen Kalksteinhöhlen und Quellen über die Flüsse und Feuchtgebiete bis zu den Stränden, den Küsten und den Korallenriffen des offenen Ozeans. *Haifischfütterungen* durch Taucher gehören zu den populärsten Attraktionen.

Tampas denkmalgeschützter hispanischer Stadtteil **Ybor City** (www.ybor.org) dehnt sich nördlich davon zwischen 13th Street und 22nd Street aus. Seine Hauptarterie ist die auch abends belebte 7th Avenue, *La Septima*, mit ihren Restaurants und Kneipen. Das Viertel entstand ab dem späten 19. Jh. um die zigarrenfertigenden kubanischen Fabriken, die mit ihrer unübertroffenen handgerollten Zigarrengroßproduktion Tampa zur ›Cigar Capital of the World‹ machten. Diesem Boom setzten ab den 1930er-Jahren die Weltwirtschaftskrise und insbesondere der Siegeszug der preiswert gefertigten Zigaretten ein Ende. Heute lassen die im Viertel ansässigen Firmen ihre Zigarren überwiegend in Mittelamerika rollen.

Der auffällig große, ziegelsteingemauerte Backofen verrät die alte *La Ferlita Bakery*, in der heute das **Ybor City Museum** ❹ (1818 East 9th Avenue, Tel. 813/247 63 23, www.ybormuseum.org, tgl. 9–17 Uhr) Kubas Zigarrenindustrie in der Mitte des 19. Jh. und die Blütezeit dieses Geschäftszweigs in Ybor City dokumentiert. Nebenan beleuchtet das zum Museum gehörende, zeitgenössisch möblierte *La Casita* (Führungen tgl. 10–15 Uhr, halb-

Tampa

Von exklusiven Urlaubsvergnügungen um 1900 zeugt das einstige Tampa Bay Hotel

stündlich), das ›Häuschen‹, die Lebensbedingungen eines einstigen Zigarrenarbeiters in Tampa.

Westlich von Ybor City ragen die Wolkenkratzer von Tampas Downtown empor. Jenseits des Hillsborough River erstreckt sich die altehrwürdige **University of Tampa** 5. Prachtvollster Bau auf dem Campus ist das **Henry B. Plant Museum** (401 W. Kennedy Boulevard, Tel. 813/254 18 91, www.plantmuseum.com, Di–Sa 10–17, So 12–17 Uhr). Der Eisenbahnmagnat Henry B. Plant ließ das ehem. *Tampa Bay Hotel* 1891 erbauen. Einige der Räume sind noch immer genauso prachtvoll eingerichtet wie zu den Glanzzeiten des Hotels, zudem dokumentieren Ausstellungen Plants Leben und Werk sowie den Beginn des Tourismus in Florida.

Praktische Hinweise

Information

Visit Tampa Bay Visitor Information Center, 615 Channelside Drive, Tampa, Tel. 813/226 02 93, 800/448 26 72, www.visittampabay.com

Hotels

***Best Western Bay Harbor Hotel**, 7700 Courtney Campbell Causeway, Tampa, Tel. 813/281 89 00, www.bayharbortampa.com. Hotel mit kleinem Badestrand an der Old Tampa Bay.

***The Westin Tampa Harbour Island Hotel**, 725 South Harbour Island Boulevard, Tampa, Tel. 888/627 81 58, www.westintampaharbourisland.com. Elegantes Hotel auf tropisch gestalteter Insel unmittelbar vor der Tampa-Skyline.

Restaurant

The Columbia Restaurant, 2117 East 7th Avenue, Tampa, Tel. 813/248 49 61, www.columbiarestaurant.com. Altehrwürdiges Restaurant von 1905 in Ybor City. Spanische Gerichte mit einem Hauch Kuba, Mo–Sa abendliche Flamencoshows.

Weiße Sandstrände und die lange Pier 60 ziehen Urlauber nach Clearwater Beach

24 Clearwater Beach

Inseln, aus dem Wind geboren.

Nordwestlich von St. Petersburg [s. S. 70] bietet der 3 km lange weiße **Sandstrand** von Clearwater Beach alles, was den Urlauber erfreut. Die Auswahl an Hotels und Restaurants ist groß, allerorts kann man Surfbretter oder Schnorchelausrüstung leihen oder erwerben. Jeden Tag um die Zeit des Sonnenuntergangs wird die 320 m lange **Pier 60** (www.sunsetsatpier 60.com) etwa vier Stunden lang zum Treffpunkt für Einheimischen und Touristen, Straßenkünstlern und Händlern.

Populärstes Ausflugsziel ist der auf dem *Dunedin Causeway* zu erreichende **Honeymoon Island State Park** (1 Causeway Boulevard, Tel. 727/469 59 42, www.floridastateparks.org/honeymoonisland, tgl. 8 Uhr bis Sonnenuntergang) nordwestlich von Dunedin. Die Nehrungsinsel hat lange, muschelreiche *Sandstrände* auf der Golfseite und *Mangrovensümpfe* auf der Buchtseite. Im unerschlossenen Parkteil lässt sich der *Osprey Trail* mit dem *Pelican Cove Trail* zu einer Rundwanderung von 4 km durch den Kiefernwald verbinden. Unterwegs sieht man Gürteltiere und Schildkröten.

TOP TIPP Von Honeymoon Island besteht eine Fährverbindung [s. u.] zur südlich gelegenen **Caladesi Island** (Tel. 727/469 59 18, www.floridastateparks.org/caladesiisland, tgl. 8 Uhr bis Sonnenuntergang). Beide Inseln entstanden in ihrer jetzigen Gestalt 1921, als ein Hurrikan sie voneinander trennte und eine seither passend *Hurricane Pass* genannte Wasserstraße schuf. Die Landschaft des Caladesi Island State Park ähnelt jener der Honeymoon Islands, allerdings ist die Insel bis auf einen kleinen Hafen und einige Wanderwege unerschlossen. Ein weißer *Sandstrand*, einer der besten der Westküste, zieht sich 5 km an der Golfseite entlang. An den ruhigen Gestaden sind Meeresschildkröten und diverse Vogelarten zuhause.

Praktische Hinweise

Information

Clearwater Beach Chamber of Commerce Visitors Center, 333C South Gulfview Boulevard, Clearwater Beach, Tel. 727/447 76 00, 888/799 31 99, www.beachchamber.com

St. Petersburg/Clearwater Area Convention & Visitors Bureau, 13805 58th Street North, Suite 2-200, Clearwater, Tel. 727/464 72 00, 877/352 32 24, www.visitstpeteclearwater.com

Fähre

Caladesi Island Adventure, Tel. 727/734 52 63, www.caladesiferry.org, tgl. 10–16 Uhr, halbstündliche Abfahrt (Mitte Sept.–Mitte Feb. stündlich). Verbindung von Honeymoon Island nach Caladesi Island.

Unterkunft

***Sea Captain Resort on the Bay**, 40 Devon Drive Clearwater Beach, Tel. 800/444 74 88,

24 Clearwater Beach

Noch heute wird in Tarpon Springs auf traditionelle Art nach Schwämmen getaucht

www.seacaptainresort.com. Nette Ferienwohnungen direkt an der Bucht in der Nähe von Pier 60.

Restaurant
Frenchy's South Beach Café, 351 South Gulfview Blvd., Tel. 727/441 99 91, www.frenchysonline.com. Gemütliches Bistro mit Terrasse unweit der Pier 60.

> ### Schwamm drüber!
>
> Schwämme (engl. ›sponge‹) zählen zu den ältesten Tierarten der Erde. Die äußerst regenerationsfähigen **Organismen** können das bis zu 25-fache ihres eigenen Gewichtes an Wasser aufnehmen und, obwohl vollgesogen, fast komplett wieder trockengedrückt werden. Die primitiven Tiere ohne Organe und Nervensystem leben in großen Kolonien in relativ flachem, temperiertem Meerwasser und benötigen festen Untergrund als Ankerplatz. Kommerziell verwertet wird nur ihr Skelett. In seichtem Gewässer erfolgt die **Ernte** per Haken, in tieferem von Tauchern per Hand. Danach werden die Schwämme getrocknet und gereinigt. Von den 5000 weltweit bekannten Schwammarten leben vier wirtschaftlich verwertbare im Golf von Mexiko.

25 Tarpon Springs

Ein griechisches Fischerdorf – made in America.

Die freundliche Atmosphäre des ›griechischen‹ Fischerdorfes nördlich von Clearwater ist komplett mit typisch mediterranen Restaurants, Imbissen und den Docks der Schwammtaucher. 1890 hatte die kommerzielle *Schwammtaucherei* in Tarpon Springs begonnen und bald den Wintertourismus als Haupteinnahmequelle abgelöst. Bereits kurz nach der Wende zum 20. Jh. führten griechische Einwanderer ihre damals revolutionären Tauchzüge ein. Die dicken Gummianzüge erlaubten den Tauchern das Ernten in größerer Tiefe. Auch die speziellen Boote sowie verbesserte Arbeitsmethoden steigerten die Erträge um ein Vielfaches. Schnell galt der kleine Ort als weltgrößter Markt für das Naturprodukt aus dem Meer. In den 1940er-Jahren verursachten jedoch eine Bakterienepidemie und die Konkurrenz synthetischer Ware den Niedergang der kommerziellen Schwammtaucherei. Doch die Schwammgründe konnten sich erholen, und heute erlebt die traditionelle ›Schwammernte‹ in Tarpon Springs mit der Rückbesinnung auf Naturprodukte eine Renaissance.

Ein netter Spaziergang führt zu den **Schwammtaucherdocks** am *Dodecane-*

se *Boulevard*, der Hauptstraße der Altstadt. Seit 1924 ziehen von hier aus die Ausflugsboote der *St. Nicholas Line* [s. u.], der ältesten Ausflugslinie Floridas, ihre Runden durch den Hafen. Nur auf diesen Schiffen gehen unterwegs Taucher ins Wasser und demonstrieren in traditioneller Montur die speziellen Erntetechniken und vermitteln Wissenswertes über die Schwammarten.

Schräg gegenüber der Anlegestelle der St. Nicholas Line erreicht man **The Sponge Exchange** (735 Dodecanese Boulevard, Tel. 727/934 87 58, www.thespongeexchange.com). Die einstige Schwammbörse ist heute ein kleiner attraktiver Markt mit etwa 45 Schwammgeschäften und Restaurants.

Mit tropischen Fischen aus dem Golf von Mexiko und der Karibik rekonstruiert das **Tarpon Springs Aquarium** (850 Dodecanese Boulevard, Tel. 727/938 53 78, www.tarponspringsaquarium.com, Mo-Sa 10–17, So 12–17 Uhr, tgl. Haifischfütterung) die Vielfalt eines Korallenriffes.

In der 1 km südlich gelegenen, 1943 als Ebenbild der Hagia Sophia in Istanbul erbauten **St. Nicholas Greek Orthodox Cathedral** (36 North Pinellas Avenue, www.epiphanycity.org) wird am 6. Januar, dem Dreikönigstag, stets eine große Messe gefeiert. An dieser ›Epiphany Celebration‹ der griechischstämmigen Schwammtaucher, zugleich Segnungstermin des Wassers, wirft der Erzbischof traditionell ein hölzernes Kreuz ins Wasser, das von jugendlichen Tauchern wieder emporgeholt wird. Tarpon Springs' mediterrane Atmosphäre wird bei diesem Anlass mit traditionellen Kostümen, griechischer Musik, Tänzen und besonders appetitanregenden Gerichten feierlich gesteigert.

Praktische Hinweise
Bootstouren
St. Nicholas Boat Line, 693 Dodecanese Boulevard, Tarpon Springs, Tel. 727/942 64 25, tgl. 10–16 Uhr stündliche Abfahrt, 35-minütige Hafenrundfahrten.

Restaurants
Costa's Restaurant, 521 Athens Street, Tarpon Springs, Tel. 727/938 68 90, www.costascuisine.com. Authentische griechische Küche nahe der Schwammtaucherdocks.

Hellas Restaurant, 785 Dodecanese Blvd., Tarpon Springs, Tel. 727/943 24 00, www.hellas-restaurant.com. Exzellentes Lamm und gute Salate in The Sponge Exchange.

26 Weeki Wachee Springs

Lockender Tanz der Meerjungfrauen.

Im *Weeki Wachee Springs State Park* (6131 Commercial Way, Spring Hill, Tel. 352/592 56 56, www.floridastateparks.org/weekiwachee, tgl. 9–17.30 Uhr) entspringt in 40 m Tiefe der kristallklare Weeki Wa-

Aufforderung zum Tanz – bezaubernde Meerjungfrauen im Weeki Wachee Springs State Park

Weeki Wachee Springs

Füttern erwünscht – Park Ranger und Manati im Homosassa Springs Wildlife State Park

chee River, der bereits wenige Kilometer weiter westlich in den Golf von Mexiko mündet. Seine Quelle, die **Weeki Wachee Springs**, mit einem täglichen Ausstoß von 227 Mio. Liter Wasser (= 2800 l/Sek.) ist jahrein, jahraus 23 °C warm. Hauptattraktion im Park ist das seit 1947 bestehende Unterwasserballett ›The Little Mermaid‹ (www.weekiwachee.com, tgl. 12 und 14 Uhr) mit tanzenden ›Meerjungfrauen‹ hinter Glasscheiben. Nicht entgehen lassen sollte man sich auch die *River Boat Cruise* im Elektroboot auf dem Weeki Wachee River. Geruhsam führt diese durch dichten, subtropischen Zypressen- und Palmenwald. Der Wasserpark **Buccaneer Bay** (www.weekiwachee.com, Anf. Juni–Aug. tgl. 9–17.30, April/Mai, Sept. Sa/So 9–17.30 Uhr) befindet sich ebenfalls im State Park.

Homosassa Springs

Tierisch gut: Manatifütterungen.

Seit dem frühen 20. Jh. lockt der großartige **Homosassa Springs Wildlife State Park** (4150 South Suncoast Boulevard, Tel. 352/628 53 43, www.floridastateparks.org/homosassasprings, tgl. 9–17.30 Uhr, letzter Einlass 16 Uhr) Besucher an. Seinerzeit reisten die Herrschaften noch mit dem Zug, der direkt an der namengebenden Quelle hielt. 180 000 l kristallklares Wasser pro Minute sprudeln hier aus 14 m Tiefe und formen den in den Golf von Mexiko mündenden Homosassa River. In dem konstant 22 °C warmen Quellgewässer leben *Schildkröten, Alligatoren* und *Manatis* [s. S. 52], die man durch die Glasfenster der schwimmenden Beobachtungsplattform und auch vom Ufer aus näher betrachten kann. Park Ranger führen durch verschiedene Tierprogramme, z. B. mit Alligatoren an der *Gator Lagoon*. Höhepunkte sind die Fütterungen der Seekühe. Drei Mal täglich verschlingen die ansonsten frei umherschwimmenden Vegetarier Unmengen an Gemüse.

Homosassas subtropische, üppige Flora und Fauna lässt sich auf den **Wanderpfaden** entlang des Homosassa River genießen. In den Parkgehegen sind Flussotter, Schwarzbären, Panther und zahlreiche Wasservogelarten heimisch. Zwischen Visitor Center und Westeingang kreuzen außerhalb des Parks gemächlich *Pontonboote* auf dem Pepper Creek, einem idyllischen, quellgespeisten Fluss.

Nur wenig Zeit erfordert die kurze Kajak-Tour zu den **Three Sister Springs** im Crystal River National Wildlife Refuge. Die Quelle wirkt wie eine traumhafte Lagune aus der Südsee (http://crystalriverkayakcompany.com, Tel. 352/795-2255).

Praktische Hinweise

Hotel

MacRae's of Homosassa, 5300 S. Cherokee Way, Homosassa, Tel. 352/628 26 02, www.macraesofhomosassa.com. Motel mit Zimmern und Apartments am Südufer des Homosassa River. In der Tiki Bar gibt es Fr–So Live-Musik.

28 Cedar Key

Reif für die Insel – ein Refugium für gestresste Städter.

Pelikane, Seeadler und weiße Ibisse fliegen südlich der Mündung des *Suwannee River* in den Golf von Mexiko über das Wasser. Heimat der Vögel ist das Naturschutzgebiet **Cedar Keys National Wildlife Refuge** (www.fws.gov/cedarkeys). In diesem Küstenbereich gibt es keine Sandstrände und kaum Zufahrten zum Meer. Relativ abgeschieden liegt dort die 700 Einwohner zählende, **subtropische Insel** Cedar Key, die einen Abstecher von der Hauptstraße mit ihrer nostalgisch-charmanten Atmosphäre belohnt.

Cedar Keys geschäftige Tage als florierende Hafenstadt und westlicher Endpunkt der 1861 fertiggestellten *Florida Railroad* von Fernandina Beach sind lange vorbei. In den Boomzeiten der 1870/80er-Jahre wurde auf den Schienen vor allem das Holz der namengebenden Zeder abtransportiert. Firmen wie A.W. Faber nutzten es zur Bleistiftherstellung. Als um 1890 der einst üppige Rohstoffvorrat der Wälder durch die rigorose Abholzung ohne nachfolgende Aufforstung zur Neige ging, fand der wirtschaftliche Aufschwung ein Ende. Ein *Hurrikan* vernichtete schließlich 1896 Cedar Keys Existenzgrundlage und riss Werften, Brücken sowie A.W. Fabers Holzfabrik ins Meer.

Friedlich überschaut heute der betagte **Friedhof** am Gulf Boulevard das Wasser, seine bis auf Mitte des 19. Jh. zurückzudatierenden Steine erzählen Geschichte der früheren Bewohner. Cedar Keys hübsche **Holzhäuser** mit Schnitzereien und schmiedeeisernen Balkongittern auf der *Second Street* stammen aus dem späten 19. Jh., als das heute verträumte Nest noch dreimal so viele Einwohner hatte. Ein gepflegtes Überbleibsel aus der ›guten, alten Zeit‹ ist das zweistöckige **Island Hotel** [s. u.] von 1859 mit umlaufender Veranda. Das **Cedar Key Museum** (12231 SW 166th Court, Tel. 352/543 53 50, www.floridastateparks.org/cedarkeymuseum, Do–Mo 10–17 Uhr) dokumentiert die wechselvolle Geschichte des Ortes.

Auch das kleine **Cedar Key Historical Society Museum** (609 2nd Street, Tel. 352/543 55 49, www.cedarkeyhistoricalmuseum.org, So–Fr 13–16, Sa 11–17 Uhr) zeigt interessante Ausstellungsstücke zur Regionalgeschichte.

Besonders schön ist ein Spaziergang entlang der **Dock Street**. Sie lockt mit ihrem Pier, von dem man Angler und Pelikane beobachten kann, sowie mit Restaurants und Geschäften.

Praktische Hinweise

Information
Cedar Key Area Chamber of Commerce, 450 Second Street, Cedar Key, Tel. 352/543 56 00, www.cedarkey.org

Hotels
***Cedar Cove Beach & Yacht Club**, 192 2nd Street, Cedar Key, Tel. 352/543 53 32, 800/366 53 12, www.cedarcoveflorida.com. Hotel am einzigen Sandstrand des Ortes, mit Whirlpool, Sauna und Fischrestaurant.

***Island Hotel**, 373 2nd Street, Cedar Key, Tel. 352/543 51 11, 800/432 4640, www.islandhotel-cedarkey.com. Nostalgisches Bed & Breakfast von 1859 mit gutem Restaurant.

Eine Augenweide sind die hübschen Holzhäuser in Cedar Key

Orlando und Zentralflorida – wo Disney und Co. eine Region verzaubern

Disneys Wunderwelt in **Orlando** zieht Millionenscharen von Touristen an. Mickey Mouse als Symbol der modernsten Vergnügungsparks Amerikas ist zugleich internationaler Botschafter einer schöneren, glücklicheren Welt. Doch Orlando ist nicht nur *Disney* allein, überdies besitzen *Universal Studios* und *SeaWorld* Unterhaltungswert von Weltrang. Doch schon ein wenig außerhalb Orlandos beginnt das natürliche Kontrastprogramm – das Florida abseits der ausgetretenen Pfade. In wunderschönen unerschlossenen Naturparks wie dem **Ocala National Forest** leben noch wilde Tiere, und zahllose Bäche winden sich durch dichte Wälder.

29 Orlando

Disney World, Universal Orlando und SeaWorld – unschlagbares Dreigestirn der weltbesten Vergnügungsparks.

Orlando macht die Auswahl schwer! Nirgendwo auf der Welt gibt es mehr Vergnügungsparks als im Zentrum Floridas. Als ideale Kombination bietet sich der Besuch von *Universal Studios*, *SeaWorld* und **Disney World** an. Wer dabei möglichst alles sehen und miterleben möchte, wird schnell feststellen, dass der Spaß nach einigen Stunden in Stress endet. Angesichts der immensen Größe und der Warteschlangen vor den Attraktionen erfordert der Aufenthalt in jedem dieser Parks eine gehörige Kondition. Am besten plant man zwischendurch einen ›Ruhetag‹ mit Kanutouren, Ausritten oder Schwimmen ein.

Bis in die 1960er-Jahre war Orlando ein verschlafenes Nest. Erst 1971, mit der strahlenden Eröffnung des *Magic Kingdom,* des viel bestaunten ›magischen Königreiches‹, begann der Siegeszug von Mickey Mouse und Co. Drei weitere Themenparks folgten, zunächst *Epcot,* dann die *Disney's Hollywood Studios* und schließlich *Disney's Animal Kingdom.* Abgerundet wird das Angebot durch Wasserparks wie *Typhoon Lagoon* und *Bliz-*

Kinderträume werden wahr in Disney Worlds Magic Kingdom in Orlando

82

Plan S. 86 29 Orlando

zard Beach, 28 Disney-eigene Hotels, vier Golfplätze und vieles, vieles mehr. Heute ist das ›Maus-Imperium‹ mit über 60 000 Beschäftigten der größte Arbeitgeber Zentralfloridas. Das Personal kümmert sich allein in den vier großen **Themenparks** von **Disney World** um jährlich über 50 Mio. Besucher.

Disney ist die Welt des ›keep smiling‹, selbst im größten Andrang lächeln und helfen dienstbare Geister. Und so präsentiert sich Disney World sicher, sauber und schön, als perfekte heile Welt, die den Alltag in den Hintergrund drängt. Allerdings schlagen neben den Eintrittspreisen Getränke und Essen kräftig zu Buche, denn in die Parks darf keine Verpflegung mitgenommen werden.

Das magische Königreich

 Urvater aller Parks in Orlando ist das **Magic Kingdom** ❶ (I-4 Ausfahrt 67, Tel. 407/939 5277, www.disneyworld. disney.go.com, tgl. ab 9 Uhr, Schließzeit je nach Saison 18–23 Uhr, Angaben gelten für alle Disney-Parks), mit jährlich fast 19 Mio. Besuchern der weltweit meistbesuchte Vergnügungspark, dessen Zauber sowohl Kinder als auch Erwachsene umfängt. Zu den Sternstunden gehört die *Festival of Fantasy Parade* der Disney-Charaktere von der *Main Street* bis zum Splash Mountain. Realität und Illusion verwischen sich im Trubel der begeisterten Menschenmenge, der bunten Luftballons und Fanfaren, über denen sich das nach Schloss Neuschwanstein modellierte *Cinderella Castle* erhebt.

Mit den Loren der *Big Thunder Mountain Railroad* fährt man im Frontierland kurvenreich durch den Wilden Westen. Auf dem *Splash Mountain* gleich nebenan stürzen Boote 16 m in die Tiefe – garantiert ›erfrischend‹ beim Eintauchen ins Wasser! Im benachbarten *Country Bear Jamboree* führen 18 Banjo spielende

29 Orlando

Grizzlybären eine flotte Musik-Revue auf. Für viele Besucher die attraktivsten Bereiche von *Fantasyland* sind *Mickey's PhilharMagic*, ein exzellenter 3-D-Film mit den bekannten Disney-Figuren in modernster Computeranimation auf einer der weltgrößten Leinwände, sowie *The Many Adventures of Winnie the Pooh*, wo man bei einer Reise im Honigtopf die Geschichten des berühmten Bären erlebt.

Im *Seven Dwarfs Mine Train* schraubt eine Achterbahn mit plötzlichen Kursänderungen in völliger Dunkelheit den Adrenalinspiegel in die Höhe, während im futuristischen *Tomorrowland* in *Stitch's Great Escape* intergalaktische Polizisten einen Außerirdischen bewachen sollen. Im *Adventureland* sorgen die *Pirates of the Caribbean* auf einer Bootsfahrt durch karibisch gestylte Gefilde für überraschende Seeräuberattacken. In den *Liberty Square* lockt das *Haunted Mansion*, das mit ausgezeichneten Spezialeffekten ›verwunschene‹ Spukhaus. Wer nicht mehr laufen kann, unternimmt eine Rundfahrt mit der *Walt Disney World Railroad* oder dem Schaufelraddampfer *Liberty Square Riverboat*. Den Tag beendet das brillante *Wishes Nighttime Spectacular Feuerwerk* über dem Cinderella Castle.

Experimente der Zukunft

Als Kürzel für ›Experimental Prototype Community of Tomorrow‹ steht der Name des Vergnügungsparks **Epcot** ❷. Das 1982 eröffnete Gelände besteht aus zwei verschiedenen Bereichen. Als markantes Wahrzeichen der *Future World* am Eingang ragt 55 m hoch die silberglänzende Erdkugel *Spaceship Earth* auf. Eine Bahnfahrt durch ihr Inneres wird zu einer Zeitreise durch die Menschheitsgeschichte. Weitere Höhepunkte in der ›Welt der Zukunft‹ sind das Salzwasseraquarium in *The Seas with Nemo and Friends* und eine Automobilteststrecke, über deren *Test Track* man mit mehr als 100 km/h brausen kann. *Mission: SPACE* ist ein wildes Abenteuer mit Raketenstart und Schwerelosigkeit im Weltraum und bei *Soarin* erlebt man auf einer Riesenleinwand mit tollem Panorama den Flug in einem Gleitschirm über die Naturwunder von Kalifornien.

Im zweiten Bereich um die Lagune präsentiert *World Showcase* elf Nationen in je einem Pavillon, ausgestattet mit detailgetreuen *Nachbauten* u. a. von Mexikos Azteken-Pyramiden, Venedigs Markusplatz und dem Pariser Eiffelturm. Dass dabei landestypische Klischees im Vordergrund stehen, tut der freundlich-einladenden Atmosphäre keinen Abbruch. Durch die Länderpavillons ziehen die Düfte diverser *Restaurants*. Deutschlands ›Biergarten‹ bietet *German Beer*, untermalt von Volksmusikklängen und serviert von deutschsprachiger Bedienung in Lederhosen und Dirndl. Beliebt sind auch in ›Norwegen‹ *Wikingerbootfahrten* und Filme über Kanada und China auf eindrucksvoller 360°-Leinwand. Stets umlagert ist der in heimeliger Geschichtsträchtigkeit schwelgende *US-Pavillon*. Weitere Stationen auf der imaginären Reise um die Erde sind Großbritannien, Marokko und Japan.

Visueller Höhepunkt ist das abendliche *IllumiNations: Reflections of Earth*, eine prachtvolle Komposition aus Licht, Laser und Feuerwerk über der World Showcase Lagoon. Allein dafür lohnt sich ein Anstehen um die besten Plätze an den Bootsstegen in der Future World.

Hinter den Leinwandkulissen

Die **Disney's Hollywood Studios** ❸ sind der dritte gigantische Disney Park in Orlando. Die 1989 eröffneten Filmstudios

Mit dem Gleitschirm über die Golden Gate Bridge – Epcot macht es möglich

gewähren auf der *Studio Backlot Tour* Blicke hinter die Kulissen von TV-Shows und Kinofilmen, die nach wie vor auch dort gedreht werden. Zu den Höhepunkten mit Überraschungseffekt bei einer solchen Tour zählen die gekonnt gezündeten Explosionen im *Catastrophe Canyon*. ›Actiongeladen‹ präsentiert sich die exzellente Live Stunt Show *Indiana Jones Epic Stunt Spectacular!* mit Szenen aus den bekannten Kinofilmen. *The Twilight Zone Tower of Terror* schockiert mit einem originellen freien Aufzugfall, der unterwegs kurze haarsträubende Blicke ins Freie eröffnet. Gleich nebenan braust die Achterbahn *Rock'n'Roller Coaster Starring Aerosmith* mit Drehungen, Loopings und Rockmusikuntermalung durch den Himmel. ›Bitte anschnallen!‹ heißt es auch zum intergalaktischen Flug bei *Star Tours*, einem Flugsimulator nach ›Star Wars‹-Vorbild. Aufregend sind auch die mutigen Stunts mit Autos, Motorrädern und Jetskies, die in *Lights, Motors, Action! Extreme Stunt Show* zu sehen sind. Ruhiger dagegen führt der dreidimensionale Film *Muppet Vision 3-D* im wahrsten Sinne des Wortes mitten in die Muppet Show. Zum krönenden Abschluss setzt sich Mickey abends in der pyrotechnischen Laser- und Lichtshow *Fantasmic!* glanzvoll gegen Bösewichte durch.

Wasserwelten und Fabelwesen

Nicht weit davon lockt **Disney's Blizzard Beach** ❹ (tgl. 10–17 Uhr, im Hochsommer länger, im Winter einige Zeit geschl.), ein als Skiort konzipierter Wasserpark, mit zahlreichen *Wasserrutschen*, *Bobschlittenbahnen* und – bizarr oder nicht – sogar *Skiliften*. Überhaupt wurde Disney World von Anfang an ständig um neue Attraktionen erweitert. **Disney's Animal Kingdom** ❺ etwa ist kein klassischer Zoo, sondern ein disneytypischer Vergnügungspark mit Tieren als Leitmotiv. Gleich hinter dem Eingang unter dem 44 m hohen (synthetischen) Lebensbaum mit 325 eingeschnitzten Tieren präsentiert *It's Tough to be a Bug* eine ungewöhnliche 3-D-Animation mit Riesenkäfern. Noch aufwendiger produziert ist

29 Orlando

Dinosaur, eine faszinierende Zeitreise, die per Bewegungssimulator in die Epoche der Dinosaurier führt. Dem Herrscher des Tierreichs ist das *Festival of the Lion King* gewidmet, eine bunte Bühnenshow, die auf dem Film ›König der Löwen‹ basiert. Klassischen Zoo-Charakter dagegen vermittelt *Kilimanjaro Safaris*. Die Geländewagenfahrt vorbei an Elefanten, Giraffen und Löwen endet mit der Verfolgung von Wilddieben. Genauso durchgerüttelt und garantiert nass wird man in den *Kali River Rapids* bei einer Schlauchboottour durch den asiatischen Regenwald. Spektakulärste Attraktion ist sicherlich die *Expedition Everest*: Eine lange Achterbahnfahrt führt vor- und rückwärts durch einen 60 m hohen, künstlich angelegten Berg, eine Begegnung mit dem Yeti eingeschlossen.

Im Nordosten des großen Areals bietet **Disney's Typhoon Lagoon** ❻ (März–Mitte Okt. tgl. 10–17 Uhr, Hochsaison länger) einen Wasserpark in Gestalt einer von tropischen Pflanzen umgebenen Lagune, mit dem größten Wellenbad der Region. Hier reizt neben spritzigen Wasserrutschen auch das Schwimmen mit (harmlosen) Haien im Shark Reef. Zum Tagesende lockt nicht weit davon **Down-

29 Orlando

Ein spritziges Vergnügen – mit eindrucksvoller Choreographie sorgt die Delfinshow Blue Horizons für Begeisterung in der SeaWorld

town Disney ❼, ein kleines Kunststädtchen mit Geschäften, dem Zirkus ›Cirque du Soleil‹ (www.cirquedusoleil.com/lanouba), Kinos, Theatern und Restaurants.

TOP TIPP Als einer der Publikumsfavoriten unter den Parks gilt **SeaWorld** ❽, (7007 Sea World Drive, I-4 Ausfahrt 71, Tel. 888/800 54 47, www.seaworld.com/orlando, tgl. 9–18 Uhr, im Sommer länger), ein exzellenter Meereszoo mit mehreren Achterbahnen im Vergnügungsareal. Einer der Höhepunkte ist die mit Audio- und Videountermalung aufgeführte Schwertwal-Show *One Ocean* von Orcas im Shamu Stadium. Bei den spritzigen Showeinlagen werden die Zuschauer in den vorderen Reihen garantiert nass. Die großartige Delfinshow *Blue Horizons* im Dolphin Theater glänzt mit ausdrucksstarker Choreografie. Eine Sensation ist das Füttern und Berühren der Delfine und Stachelrochen in **Dolphin Cove** oder **Stingray Lagoon**. Spezielle Fütterungszeiten sind angeschlagen, dann wird portionsweise Fisch verkauft. Man kann jederzeit die Hände ins Wasser halten, doch ohne den leckeren Fischsnack schwimmen die Tiere immer nur knapp vorbei. Wagemutige steigen dann in eine der ultimativen Achterbahnen – die bis zu 100 km/h schnelle *Kraken* etwa dreht

Reiche der Fantasie

Walt Disney (1901–66) eröffnete seinen ersten Vergnügungspark 1955 im Großraum Los Angeles – eine verblüffende Neuheit für Amerika und ein sofortiger Erfolg. Als rasant wachsender, größter Besuchermagnet Kaliforniens fehlte **Disneyland** schnell der Platz für Erweiterungen, nur ein Bruchteil der Übernachtungsgäste konnte beherbergt werden. Sehr zu Disneys Missfallen verdienten im nahen Umkreis Restaurants und Hotels kräftig mit – ein Faktum, das sich beim nächsten Vergnügungspark nicht wiederholen sollte.

Um Disney nach **Orlando** zu locken, gestanden ihm offizielle Seiten unbeschränkte Freiheiten bei der Erschließung des Landes zu. Spötter behaupteten zwar, ›Mister Mickey Mouse‹ verfüge über sein Gelände von immensen 122 km^2 mit der gleichen unbeschränkten Allmacht wie der Papst über den Vatikanstaat, aber auch sie mussten zugeben, dass ohne das milliardenschwere Engagement von **Disney World** die Region um Orlando eine vergessene ›Cowtown‹ geblieben wäre. Walt Disney, der große Initiator, erlebte die Eröffnung seines zweiten Parks (1971) jedoch nicht mehr, er verstarb 1966 im Alter von 65 Jahren in Kalifornien.

eine lang gezogene Spirale mit siebenfachem Looping, bei *Manta* saust man kopfüber bis fast ins Wasser hinein.

Nach einer Flugsimulator-Reise durch Eissturm und Gletscherspalten besteht Zugang zu **Wild Arctic**. Sehenswert sind die aus der Unterwasserperspektive betrachteten Eisbären, Belugawale und Walrosse. Ein ähnliches Thema hat auch die Fahrt bei **Antarctica**, die an den Südpol, ins kalte Reich der Pinguine, führt. **Turtle Trek** nimmt Besucher mit auf die Reise einer Schildkröte als 3D-Erlebnis. Und in einem Glastunnel im Aquarium **Shark Encounter** wandert man durch ein riesiges Becken mit *Haien, Rochen, Barrakudas* und anderen Fischen aus der Tiefe der Ozeane.

Ebenfalls zu SeaWorld gehört **Aquatica** (5800 Water Play Way, Tel. 888/800 54 47, www.aquaticabyseaworld.com, tgl. 10–17, im Hochsommer tgl. 9–20 Uhr). Einer der weltgrößten Wasserparks bietet zahlreiche rasante Rutschen und hat sich innerhalb kürzester Zeit zum Besuchermagneten entwickelt.

Gegenüber von SeaWorld liegt das Delfinarium **Discovery Cove** 9 (6000 Discovery Cove Way, Tel. 407/370 12 80, 877/5577404, www.discoverycove.com, tgl. 8–17.30 Uhr, Reservierung erforderlich). Das weitläufige Areal mit Fluss und Vogelvolieren bietet keine Tiershows, doch Besucher können mit Delfinen schwim-

men sowie Ottern entdecken. Der Tagespass beinhaltet u. a. Schnorcheln an einem Korallenriff, eine Mahlzeit sowie den Eintritt zu SeaWorld und Aquatica.

Im Südosten von Disney World, im Vorort *Lake Buena Vista*, beginnt der **International Drive**, der nordwärts Richtung Downtown führt. Er ist die kommerzielle Hauptschlagader von Orlando, gesäumt von unzähligen Hotels, Motels und Restaurants aller Preisklassen, Einkaufspassagen sowie dem Entertainmentkomplex *Pointe Orlando* (9101 International Drive, Tel. 407/248 28 38, www.pointeorlando.com) mit über 40 Geschäften. Am nördlichen Ende des Straßenzuges liegt **Wet 'n Wild** 10 (6200 International Drive, I-4 Ausfahrt 75A, Tel. 407/351 18 00, www.wetnwildorlando.com, tgl. 10–17, Ende Juni–Mitte Aug. tgl. 9.30–21 Uhr), ein Wasserpark mit enormen Rutschen, Stürzen im fast freien Fall, Wellenschwimmbad und Wasserskianlage.

2015 eröffnet auf dem I-Drive, südwestlich der Kreuzung Sand Lake Road, **Orlando Eye**, eine neue Top-Attraktion von Orlando. In dem 130 m hohen Riesenrad beobachtet man (nach Londoner Vorbild) die Stadt aus der Vogelperspektive. Mehr als 7 Mio. Menschen besuchen jährlich den riesigen Vergnügungspark **Universal Orlando** 11 (6000 Universal Blvd., I-4, Ausfahrt 74 B oder 75 A, Tel. 407/363 80 00, www. universalorlando.com), deutlich mehr als

---

Tipps und Tricks für Disney-Trips

Ererbt von den britischen Vorfahren oder nicht – Amerikas Disneyfans ertragen einstündige **Warteschlangen** ohne Murren und Knurren. Doch mit geschickter Planung lässt sich vieles stressfreier gestalten:

– Mit dem **FastPass+** lassen sich Warteschlangen weitgehend vermeiden. Dazu steckt man sein reguläres Eintrittsticket in die ausgewiesenen FastPass-Automaten vor vielen populären Attraktionen in allen Themenparks und erhält kostenlos eine Eintrittskarte, auf der ein einstündiger Zeitraum angegeben ist, zu dem man dann zurückkehrt. Der FastPass kann nach der aufgedruckten Wartezeit wieder in Anspruch genommen werden. Online kann man über FastPass+ Plätze sogar bis zu 30 Tage im Voraus reservieren.

– Die Hochsaison der Vergnügungsparks liegt zwischen Weihnachten und Neujahr, um Ostern und in den Sommerferien von Juni bis August. Daher bieten sich als ideale **Reisezeit** mit erträglichem Besucheraufkommen Termine zwischen Ostern und Mai sowie September bis Mitte November an.

– Frühe **Ankunft** lohnt sich. In den betriebsamen Stunden von 11 bis 14 Uhr empfiehlt sich eine **Mittagspause**, Restaurantplätze werden zentral unter Tel. 407/939 34 63 reserviert. Am späten **Nachmittag**, wenn die Energiereserven vieler Besucher erschöpft sind, reduzieren sich die Wartezeiten erheblich.

– Wenn sich Zuschauer zu **spektakulären Shows** wie den Umzügen im Magic Kingdom anstellen, ist es im Rest der Parks deutlich ruhiger.

Plan S. 86   29 Orlando

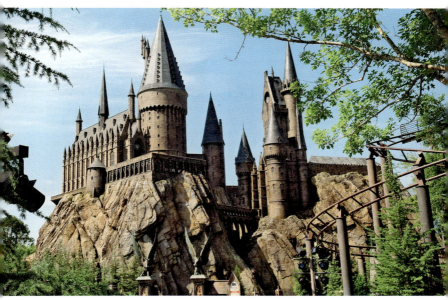

Harry Potter zaubert jetzt in Florida: Hogwarts in den Universal Studios Orlando

die Universal Studios in Hollywood. Er besteht aus den zwei großen Parks Universal Studios Florida und Universal's Islands of Adventure sowie dem Einkaufs- und Restaurantareal Universal CityWalk. Die **Universal Studios Florida** (tgl. 9–18 Uhr, im Sommer bis 22 Uhr) kombinieren unglaublich vielfältig und technisch perfekt Filmkulissen mit der vergnüglichen und unterhaltsamen Präsentation spannender Geschichten. Stein für Stein wurden hier Straßenzüge von Hollywood, San Francisco und New York detailgetreu nachgebaut, so gut, dass sich Kopie und Original von Weitem kaum unterscheiden lassen.

Im Production Central-Areal erwartet den Besucher im *Hollywood Rip Ride Rockit* die in den Studios mit Abstand wildeste, schnellste und höchste Achterbahnfahrt mit rasanten Loopings. Die Züge erreichen Geschwindigkeiten von bis zu 105 km/h. Eine weitere aufregende Achterbahnfahrt ist *Revenge of the Mummy* im New York-Areal. Hervorragende Spezialeffekte lassen bei der Reise durch ägyptisches Ambiente Feuerbälle und Mumien an einem vorbeisausen. Wer danach noch nicht genug durchgeschüttelt ist, kann sich nebenan in *Twister…Ride It Out* einem simulierten Tornado aussetzen.

In San Francisco kann man in *Disaster* einen Katastrophenfilm am eigenen Leib erleben. In einem sich bewegenden U-Bahnwaggon spürt und sieht man die Auswirkungen eines Erdbebens der Stärke 8,3 auf der Richterskala. Ein weiterer Bereich nennt sich World Expo. Hier stellt einen *Men in Black: Alien Attack* vor die schwierige Aufgabe, New York City mit einer Laserpistole vor einer Alieninvasion zu bewahren. Bei *The Simpsons Ride* fährt man mit einem Simulator ins Krustyland, einen Cartoon-Vergnügungspark mit den Simpsonsfiguren.

Im Hollywood-Bereich zieht das dreidimensionale Cyber-Abenteuer *Terminator 2: 3-D* mit Filmausschnitten und Live-Einlagen die Zuschauer in seinen Bann. Nebenan, im Production Central genannten Areal, läuft *Shrek 4-D*, ein durch Spezialeffekte angereicherter, visuell ausgezeichnet inszenierter 3-D-Trickfilm mit den liebenswerten Figuren des oscarprämierten Kinoerfolgs und seiner Fortsetzungen. Abends bildet ›Universal's Cinematic Spectacular‹ mit Musikuntermalung, Wasserfontänen und Feuerwerk den krönenden Abschluss.

Die sechs um einen See mit exotischer Küstenlinie liegenden Areale des Vergnügungsparks **Universal's Islands of Adventure** (tgl. 9–18 Uhr, in den Sommermonaten länger) faszinieren durch ihre spannenden Attraktionen, die dank modernster Technologie zu den besten Orlandos gehören. Hier kann man auch die *Wizarding World of Harry Potter* besuchen. Höhepunkt ist sicherlich der Rundgang durch Hogwarts in *Harry Potter and the Forbidden Journey,* bei dem die Besucher einen Blick in die Klassenzimmer, Dumbledores Büro sowie den Gemeinschaftsraum von Gryffindor werfen können und dabei allerhand magischen Figuren begegnen. Aus den Hightech-Kulissen ragen die Achterbahnen heraus. Bei der *Dragon Challenge* scheinen sich die zwei Drachenbahnen an mehreren Stellen fast zu berühren. Und die grüne Bahn des *Incredible Hulk Coaster* beschleunigt rasant wie eine Rakete. Als weiterer Glanzpunkt saust bei den *Amazing Adventures of Spider-Man* ein aufregender 3-D-Bewegungssimulatorflug durch enge Häuserschluchten. Hungrigen Dinosauriern begegnet man bei einer Floßfahrt im *Jurassic Park River Adventure*. Für die jüngeren Besucher garantiert die vergnügliche Schlauchbootfahrt *Popeye & Bluto's Bilge-Rat Barges* eine Vollwäsche.

Mit Musik im Ohr – beim Spaziergang im **CityWalk** (tgl. 11–2 Uhr), einem modernen Entertainmentkomplex mit Live-Musik in vielen Restaurants, Nightclubs und den AMC Universal Cineplex IMAX Kinos (www.amctheatres.com). Außerdem präsentiert die *Blue Man Group* (www.blueman.com) hier ihre weltbekannte Show.

Attraktionen in Downtown und Umgebung

Im Loch Haven Park in Downtown vermittelt das moderne **Orlando Science Center** ⑫ (777 East Princeton Street, I-4 Ausfahrt 85, Tel. 407/514 20 00, www.osc.org, Do–Di 10–17 Uhr) auf anschauliche Weise naturwissenschaftliche Themen. So kann man hier z. B. Dinosaurierknochen untersuchen, die Flora Floridas studieren oder einen Hurrikan simulieren. Abgerundet wird das Angebot durch das *Crosby Observatory* (1. Sa im Monat Beobachtung des Sternenhimmels) und *Dr. Phillips CineDome* mit Planetarium und Großkino. Auch fantastische *Laser Light Shows* gehören gelegentlich zum Repertoire.

Etwas weiter nördlich, am Lake Osceola, befindet sich das **Charles Hosmer Morse Museum of American Art** ⑬ (445 North Park Avenue, Winter Park, I-4 Ausfahrt 87, Tel. 407/645 53 11, www.morsemuseum.org, Di–Sa 9.30–16, So 13–16 Uhr), ein Kleinod mit ausgezeichneter Tiffany-Glas-Ausstellung und amerikanischer Kunst des 19. und frühen 20. Jh. Schöne Ausblicke auf das malerische Seeufer und auf gepflegte Villen inmitten von Gärten genießt man bei Bootsausflügen der **Scenic Boat Tour** ⑭ (312 East Morse Boulevard, Winter Park, I-4 Ausfahrt 87, Tel. 407/644 40 56, www.scenicboattours.com, Touren tgl. 10–16 Uhr). Die Boote starten stündlich im Vorort Winter Park nördlich von Downtown Orlando.

Unterwegs nach Süden

Am anderen, südlichen Ende der Stadt liegt zwischen Orlando und Kissimmee **Gatorland** ⑮ (14501 South Orange Blossom Trail, Tel. 407/855 54 96, www.gatorland.com, Sommer tgl. 10–18 Uhr, sonst bis 17 Uhr), die Heimat hunderter *Amerikanischer Alligatoren* und *Krokodile*. Der Zoo der Panzerechsen besteht bereits seit 1949 und war schon vor Disney und Co. eine Attraktion in Orlando. Rund um es bei den Fütterungszeiten der Alligatoren, der *Gator Jumparoo Show,* wenn die eigentlich gemächlichen Echsen nach Hühnern und anderem Futter aus dem trüben, grünen Wasser schnellen. In der *Gator Wrestlin' Show* stockt den Zuschauern der Atem, wenn ein auf dem Rücken eines Alligators sitzender Dompteur dem Tier das gefährlich zahnbewehrte Maul weit aufklappt. Und bei *Screamin' Gator Zip Line* geht es an einer Seilrutsche luftig über die Echsen hinweg. Eine kleine *Eisenbahn* umkreist das Gelände, ein Holzsteg schlängelt sich über den Köpfen dösender Alligatoren und Krokodile durch den Zypressen-

Ein ungleiches Paar – Alligator und Schildkröte im Gatorland in Orlando

Plan S. 86 29 Orlando

Nervenkitzel pur – der ›Incredible Hulk Coaster‹ im Universal Islands of Adventure

sumpf zu einem *Aussichtsturm*. Im hauseigenen *Restaurant* serviert Gatorland als besondere Spezialität Alligatorenfleisch als ›Gator Nuggets‹.

Außerhalb von Orlando – Natur pur!

TOP TIPP Nicht weit nördlich von der Glitzerstadt liegt am **Wekiva River** die paradiesisch grüne Oase des **Wekiwa Springs State Park** (1800 Wekiwa Circle, Apopka, Tel. 407/884 20 08, www.floridastateparks.org/wekiwasprings, tgl. 8 Uhr bis Sonnenuntergang). Ein sehr schönes Naturerlebnis ist ein bedächtiger *Kanutrip* auf dem von überhängenden Baumkronen beschatteten Fluss, an dessen Ufern sich Alligatoren, Schildkröten und Schlangen in der Sonne wärmen. Der populärste Abschnitt führt vom State Park zu *Katie's Landing* (I-4 Ausfahrt 101 auf SR 46). Dabei ist der Abschnitt von Katie's Landing weiter flussabwärts zur etwa 10 km entfernten Mündung in den St. Johns River ebenso empfehlenswert. Kanus kann man bei *Nature Adventures* (1800 Wekiwa Circle, Tel. 407/884 43 11, www.canoewekiva.com, tgl. 9–17 Uhr) leihen. Am Wochenende sollte man die

Orlando

Kanutour sowie den beliebten Badeplatz an den Wekiva-Flussquellen im State Park (I-4 Ausfahrt 92 auf SR 436) aufgrund des großen Andrangs möglichst meiden.

Ein populäres sommerliches Badeparadies ist rund 50 km nördlich von Orlando der naturschöne **Blue Spring State Park** (2100 W. French Ave., Orange City, I-4 Ausfahrt 114, Tel. 386/775 36 63, www.floridastateparks.org/bluespring, tgl. 8 Uhr bis Sonnenuntergang). Mitte November bis März suchen Seekühe das stets 22 °C warme Quellwasser des Parks als Winterquartier auf und sorgen so für eine zusätzliche Attraktion. Übernachten kann man in komfortablen *Blockhütten* (Tel. 800/326 35 21, www.reserveamerica.com).

ℹ️ Praktische Hinweise

Information

Official Visitor Information Center, 8723 International Drive (I-4 Ausfahrt 74), Suite 101, Orlando, Tel. 407/363 58 72, 800/972 33 04, www.visitorlando.com

Dinnershows

Arabian Nights, 3081 Arabian Nights Boulevard, Kissimmee, Tel. 407/239 92 23, www.arabian-nights.com. Turbulente Reitershow mit 60 Pferden.

Medieval Times Dinner & Tournament, 4510 West Vine Street, Kissimmee, Tel. 866/543 96 37, www.medievaltimes.com. Funkensprühende Ritterkämpfe. Die Zuschauer feuern ›ihre‹ Reiter lautstark, gegessen wird wie weiland ohne Besteck.

Einkaufen

TOP TIPP **Orlando Premium Outlets**, 4951 International Drive (I-4 Ausfahrt 75A), Orlando, Tel. 407/352 96 00, www.premiumoutlets.com, Mo–Sa 10–23, So 10–21 Uhr. Größter Direktverkauf der Region in 180 Geschäften. In netter Atmosphäre finden Shoppingfreunde alles, was das Herz begehrt.

Hotels

Zum Disney World Komplex gehören 28 Hotels unterschiedlicher Kategorien. Zentralbuchung: Tel. 407/939 19 36 oder www.disneyworld.disney.go.com/resorts.

*******Waldorf Astoria Orlando**, 14200 Bonnet Creek Resort Lane, Orlando, Tel. 407/597 55 00, www.waldorfastoriaorlando.com. Luxushotel neben Disney World (Pendelbus) mit dem Orlando Golf Resort und großem Spa.

******Hyatt Regency Orlando**, 9801 International Drive, Orlando, Tel. 407/284 12 34, www.orlando.regency.hyatt.com. Alteingesessenes Luxushotel am Convention Center.

*****Hapimag Orlando – Lake Berkley Resort**, 1010 Park Ridge Circle, Kissimmee, Tel. 407/390 90 83, www.orlando-hapimag.com. Weitläufige Anlage aus 100 großen komfortablen Ferienhäusern.

*****The Courtyard at Lake Lucerne**, 211 North Lucerne Cirle East, Tel. 407/648 51 88, www.orlandohistoricinn.com. Vier herrschaftliche Häuser um einen schönen Innenhof östlich von Downtown nahe Lake Lucerne.

*****Thurston House Bed & Breakfast**, 851 Lake Avenue (I-4 Ausfahrt 88), Maitland, Tel. 407/539 19 11, 800/843 27 21, www.thurstonhouse.com. Viktorianische Frühstückspension von 1885 in ruhiger Seelage, 8 km nördl. von Downtown Orlando.

Restaurants

Café Tu Tu Tango, 8625 International Drive (I-4 Ausfahrt 74A), Orlando, Tel. 407/248 22 22, www.cafetututango.com. Tapas, Paellas und Entertainment in einem lebhaften Café.

Enzo's on the Lake, 1130 South Highway 17/92 (I-4 Ausfahrt 94), Longwood, Tel. 407/834 98 72, www.enzos.com. Feine italienische Spezialitäten in charmantem Ambiente mit Seeblick. Gute Weinkarte.

30 Lake Wales

Zwischen Orangenhainen, botanischen Gärten und grünen Sümpfen.

Abseits vom großen Tourismusgeschäft Orlandos liegt um **Lake Wales** die bedeutendste Zitrusfrüchte produzierende Region Floridas. Das Städtchen selbst hat an Sehenswürdigkeiten wenig zu bieten. Aber etwa 5 km nördlich befinden sich die **Bok Tower Gardens** (1151 Tower Boulevard, CR 17-A, Tel. 863/676 14 08, www.boktowergardens.org, tgl. 8–18 Uhr). In dem botanischen Garten ragt auf dem höchsten Punkt der Halbinsel Florida ein Glockenturm aus rosafarbenem und grauem Granit auf. Die 60 *Bronzeglocken* erklingen täglich um 13 und 15 Uhr zu einem Konzert, ansonsten halbstündlich zu kürzeren Glockenspielen. *Wanderwege* führen durch eine Vielfalt exotischer und einheimischer Pflanzen.

30 Lake Wales

Etwa 12 km weiter eröffnete 2011 in Cypress Gardens am Ostufer des Lake Eloise das **Legoland Florida** (1 Legoland Way, Winter Haven, Tel. 877/350 53 46, http://florida.legoland.com, saisonal wechselnde Öffnungszeiten, siehe Homepage). Auf halbem Weg zwischen Tampa und Orlando bieten hier zehn Themen-Landschaften und zahlreiche Fahrgeschäfte in legotypischem Design Freizeitspaß vor allem für 6- bis 12-Jährige. Extra Eintritt kostet der angegliederte **Legoland Water Park** (Ende Mai–Okt. tgl. 10.30–18 Uhr).

Rund 50 km südlich von Lake Wales liegt der **Highlands Hammock State Park** (5931 Hammock Road, Sebring, Tel. 863/386 60 94, www.floridastateparks.org/highlandshammock, tgl. 8 Uhr bis Sonnenuntergang), eines der schönsten Naturareale Floridas, ein Kleinod mit neun kurzen Wanderwegen. Höhepunkt ist der faszinierende *Cypress Swamp Trail* durch einen Zypressensumpf beiderseits des *Charlie Bowlegs Creek,* ein vorzüglicher Platz zur Alligatorenbeobachtung. An der Ranger Station kann man Fahrräder ausleihen, die 5 km lange Rundstraße durch den Park bietet sich als Tour an.

Praktische Hinweise

Restaurant

TOP TIPP *****Chalet Suzanne**, 4000 Chalet Suzanne Drive (CR 17-A), Lake Wales, Tel. 863/676 60 11, 800/433 60 11, www.chaletsuzanne.com. Das exquisite Restaurant serviert 5-Gänge-Menüs nach traditionellen Rezepten. Angeschlossen ist ein edles Landgasthaus von 1931 mit eleganten Zimmern.

Einheimische und exotische Pflanzen bezaubern die Besucher in den Bok Tower Gardens

31 Ocala

Weite saftige Weiden, sprudelnde Quellen und elegante Pferde.

Die von sanft gewölbten Hügeln geprägte Landschaft um Ocala weist rund 400 Gestüte auf. Sie nimmt damit neben Lexington/Kentucky den führenden Rang in der nordamerikanischen Vollblutzucht ein. Hier wie dort begrenzen charakteristische weiße Zäune die weiten Weiden der Gestüte, auf denen ›Kentucky bluegrass‹ wächst, ein bläulich schimmerndes, saftiges Wiesenrispengras.

Am östlichen Stadtrand ist in einem weißen Gebäude aus Travertin-Marmor das bemerkenswerte **Appleton Museum of Art** (4333 East Silver Springs Boulevard, Tel. 352/291 44 55, www.appletonmuseum.org, Di–Sa 10–17, So 12–17 Uhr) untergebracht. Die Kollektionen – u. a. europäische und amerikanische Gemälde und Skulpturen sowie präkolumbische, asiatische, islamische und westafrikanische Kunstgegenstände – stammen aus dem Fundus des Industriellen und Pferdezüchters *Arthur Appleton*.

Eine Touristenattraktion seit dem späten 19. Jh. sind die **Silver Springs** im gleichnamigen State Park (5656 East Silver Springs Boulevard, Tel. 352/261 58 40, www.silversprings.com, Mai–Anf. Sept. tgl. 9–18 Uhr), eine der weltgrößten artesischen Quellen. 1,4 Mio. Liter Wasser pro Minute sprudeln hier allein durch den Druck des Grundwassers aus der Tiefe des Kalksteins empor und fließen in den zypressengesäumten Silver River. In dieser Idylle entstanden in den 1930er-Jahren u. a. Szenen von sechs Tarzanfilmen mit Johnny Weissmüller. Bei den Fahrten mit dem *Glasbodenboot* (Dauer 45 Min., tgl. 9–18 Uhr) über die Quellen blickt man in glasklare Tiefen. Weitere Attraktionen sind Alligatorenfütterungen, Greifvögel-, Reptilien- und Schlangenshows sowie das Bärenfreigehege, außerdem ein schöner botanischer Garten. Zum Naturpark gehört auch der Wasservergnügungspark **Wild Waters** (5656 East Silver Springs Boulevard, Tel. 352/236 21 21, www.wildwaterspark.com, Sommer Mo–Do 10–18 Uhr, Fr-So 10–22 Uhr) mit diversen Riesenrutschen und großem Wellenpool.

Im **Don Garlits Museum of Drag Racing** (13700 Southwest 16th Avenue, Tel. 877/271 32 78, www.garlits.com, tgl. 9–17 Uhr) südlich der Stadt präsentiert *Big Daddy* Don Garlits, erfolgreichster Dragsterfahrer aller Zeiten, rund 75 Oldtimer und Dragster, die auf einer Viertelmeile (402 m) aus dem Stand heraus auf über 500 km/h beschleunigen können.

Praktische Hinweise

Information

Ocala/Marion County Visitors & Convention Bureau, 112 North Magnolia Avenue, Ocala, Tel. 352/438 28 00, 888/356 22 52, www.ocalamarion.com

Pferdestärken unter der Haube gilt es im Don Garlits Museum of Drag Racing zu bewundern

32 Ocala National Forest

Pferde-Land: Die Ocala-Region ist berühmt für saftige Weiden und große Gestüte

32 Ocala National Forest

*Natur naturbelassen:
in den Wäldern von Florida.*

Der Ocala National Forest zwischen Ocklawaha River und St. Johns River weicht weit von den herkömmlichen palmen- und strandbestimmten Florida-Vorstellungen ab. In dem subtropisch beeinflussten, mit Sümpfen, Seen und Flüssen durchsetzten Kiefern- und Eichenwald gedeihen Palmen, liegen versprenkelt Prärien und grüne Weiden. Hier finden noch *Alligatoren* und *Schildkröten*, *Weißkopfseeadler* und *Schwarzbären* einen Lebensraum. Nicht zuletzt für Menschen sehr attraktiv sind die 22 °C warmen kristallklaren Quellen, ideale und an Wochenenden oft stark frequentierte Reviere zum Baden und Schnorcheln.

Das von subtropischer, üppiger Vegetation umgebene Becken der **Juniper Springs Recreation Area** (26701 SR 40, www.juniper-springs.com) 40 km östlich von Ocala bietet eine eindrucksvolle Kulisse zum Schwimmen und Schnorcheln. Im Park beginnt der glasklare *Juniper Creek*, der sich 11 km weit per Kanu (Mietkanu, Tel. 352/625 28 08) befahren lässt. Dem gewundenen Flussufer folgt ein 1 km langer, schmaler Pfad, dessen Verlauf auch die naturbelassenen, unscheinbareren *Fern Hammock Springs* berührt.

Ebenfalls ein beliebtes Ziel ist die **Alexander Springs Recreation Area** (49525 CR 445, Altoona). Entlang des *Alexander Springs Creek* führt der 2 km lange *Timucuan Indian Trail* durch den einst von indigenen Amerikanern bewohnten Wald. Mit dem Kanu (Mietkanu, Tel. 352/669 35 22) kann man bequem die ersten zwölf Bachkilometer entlangpaddeln, eine der schönsten Kanutouren Floridas.

Die **Silver Glen Springs** (SR 19 zwischen SR 40 und CR 314) besitzen einen populären Badestrand neben blubbernden Quellen. Der kurze Abfluss mündet ebenso in den *Lake George* wie die wunderbar ›durchsichtigen‹ Quellen der **Salt Springs** (SR 19 an der Einmündung der CR 314).

Quer durch lichten Kiefernwald passiert ein 3 km langer Rundweg das **Lake Eaton Sinkhole** (FR 79, südlich der CR 314), eine der in Florida häufig vorkommenden natürlichen Bodensenken, an deren windgeschützten, feuchten Steilwänden Bäume, Sträucher und Farne in üppiger Pracht gedeihen. In die 140 m breite und 25 m tiefe Senke führen Holztreppen.

Auch Reiten ist im Ocala National Forest möglich. Bei Altoona bietet die **Fiddler's Green Ranch** (42725 West Altoona Road, Tel. 352/669 71 11, 800/947 26 24, www.fiddlersgreenranch.com) zweistündige Touren oder Tagesausritte an, auch für Anfänger. Zudem gibt es Ferienwohnungen und einen Campground.

32 Ocala National Forest

ℹ Praktische Hinweise

Information
Ocala National Forest, Ocklawaha Visitor Center, 3199 Northeast CR 315, östlich von Silver Springs, Tel. 352/236 02 88, www.fs.usda.gov/ocala

Unterkunft
Juniper und Alexander Springs Campgrounds, Tel. 877/444 67 77, www.recreation.gov

33 Gainesville

Universitätsstadt im Herzen Floridas.

Gainesville liegt in einer überwiegend landwirtschaftlich geprägten Region mit grünen Hügeln und Wäldern. Mit der *University of Florida* beheimatet die Stadt jedoch die älteste und größte Hochschule des Bundesstaates. Auf dem Campus ist das **Florida Museum of Natural History** (3215 Hull Road, Tel. 352/846 20 00, www.flmnh.ufl.edu, Mo–Sa 10–17, So 13–17 Uhr) in der Powell Hall sehenswert, das eine hervorragende Fossilienausstellung besitzt. Eine Besonderheit ist auch der *Butterfly Rainforest*, in dem zwischen tropischen Pflanzen 80 verschiedene Schmetterlingsarten frei umherflattern.

TOP TIPP Der **Devil's Millhopper Geological State Park** (4732 Millhopper Road, Tel. 352/955 20 08, www.floridastateparks.org/devilsmillhopper, Mi–So 9–17 Uhr) ist eine beeindruckende natürliche Bodensenke nordwestlich der Stadt. Ein knapp 1 km langer Wanderweg umrundet das 150 m breite Sinkhole, 232 Stufen führen 37 m tief hinunter. An den Steilwänden haben sich unter spürbar kühleren Bedingungen als in der Umgebung viele typische Pflanzen nördlicher Regionen angesiedelt.

Ausflüge

Der *Paynes Prairie Preserve State Park* (100 Savannah Boulevard, Micanopy, Tel. 352/466 33 97, www.floridastateparks.org/paynesprairie, tgl. 8 Uhr bis Sonnenuntergang) liegt 16 km südlich von Gainesville. Am *North Rim Interpretive Center* (4801 Camp Ranch Road, Tel. 352/955 21 35) an der Nordseite des Parks beginnt der *La Chua Trail*. Der 2,5 km lange Wanderweg zu einem Aussichtsturm bietet schöne Ausblicke über Seen und Marsche.

Eindrucksvolle Einblicke in die Landschaft des Parks ermöglicht auch der **Gainesville-Hawthorne State Trail** (Boulware Springs Trail Head an der SE 15th Street in Gainesville). Der 26 km lange, asphaltierte Radweg führt auf einem Seitenstrang der ehem. Eisenbahnstrecke zwischen Fernandina Beach und Cedar Key meist parallel zur SR 20 nach *Hawthorne* südöstlich von Gainesville.

Im **O'Leno State Park** (410 Southeast Oleno Park Road, High Springs, Tel. 386/454 18 53, www.floridastateparks.org/oleno, tgl. 8 Uhr bis Sonnenuntergang)

Von Angesicht zu Angesicht mit Dinoskeletten im Florida Museum of National History

33 Gainesville

Gewagte Konstruktion – Hängebrücke im O'Leno State Park

50 km nordwestlich von Gainesville überspannt eine leicht schwankende *Hängebrücke* aus den 1930er-Jahren den verträumten *Santa Fe River*, der dem Suwannee River zufließt. Über ihn neigt sich ein dichtes Laubdach, von den Bäumen hängt bärtiges, graues Spanisches Moos. Ein Naturphänomen ist das Verschwinden des Flusses, der erst nach fünf unterirdischen Kilometern wieder auftaucht. Der 2,5 km lange *River Sink Trail* führt als Rundweg zu den Stegen und Aussichtspunkten, an denen der Santa Fe River schäumend und gurgelnd in einen Pool strömt, um dann in seine subterranen Verbindungswege zu verschwinden. Dagegen wandert man auf dem *River Rise Trail* (8 km) gewissermaßen auf dem natürlichen ›Dach des Flusses‹ zu der Stelle, an der er in der *River Rise State Preserve* wieder an das Tageslicht tritt.

ℹ Praktische Hinweise

Information

Alachua County Visitors & Convention Bureau, 30 East University Avenue, Gainesville, Tel. 352/374 52 60, 866/778 50 02, www.visitgainesville.com

Hotel

***Sweetwater Branch Inn**, 625 East University Avenue, Gainesville, Tel. 352/373 67 60, 800/595 7760, www.sweetwaterinn.com. Stilvolles Bed & Breakfast in zwei viktorianischen Gebäuden von 1885, umgeben von einem schönen großen Garten.

Nördliche Atlantikküste – Urlaub zwischen Himmel und Erde, modernster Technik und ältester Stadt

Im legendären **Kennedy Space Center** kann man modernste Raketentechnologie und historische Raumschiffe aus nächster Nähe betrachten. Weiter nördlich wurden auf dem kompakten Sandstrand der Motorsporthochburg **Daytona Beach** einst etliche Geschwindigkeitsweltrekorde aufgestellt. Heute dürfen Autos am populärsten Strand Floridas nur noch im Schritttempo fahren. Eine andere Geschichte schrieb **St. Augustine**, die älteste durchgehend bewohnte Stadt der USA. Ihre hübsch restaurierte Altstadt bietet mediterranes Ambiente aus spanischer Kolonialzeit.

34 Kennedy Space Center

 Totaler Techniktrip: der Weltraumbahnhof der USA.

Vom NASA-Gelände an Floridas Atlantikküste starteten alle bemannten Raumflüge der USA. An der *Cape Canaveral Air Force Station* begannen die Mercury- und Gemini-Missionen sowie Apollo 7 ihre Reisen ins All. Einige Kilometer nordwestlich, von Cape Canaveral durch den Banana River getrennt, liegt *Merritt Island,* das Zentrum des Kennedy Space Center. Von dort starteten alle weiteren Apollos und die Space Shuttles. Mit der letzten Landung des Space Shuttles *Atlantis* am 21. Juli 2011 wurde die bemannte Raumfahrt in den USA jedoch ohne konkrete Folgeprojekte eingestellt.

Die Geschichte der bemannten Raumfahrt dokumentiert der ausgezeichnete **Kennedy Space Center Visitor Complex**. Originale Mercury- und Geminikapseln, in denen die Weltraumpioniere ins All flogen, werden gezeigt. Außerdem stellt die NASA in *Exploration Space: Explorers wanted* in einer halbstündigen Show ihre Zukunftsprojekte vor und zwei Kinos präsentieren IMAX Riesenleinwandfilme. Im *Rocket Garden* stehen acht originale Raketen aus den frühen Jahren der Raumfahrt. Nebenan präsentiert *Early*

Mit Raketen auf Tuchfühlung im Rocket Garden des Kennedy Space Center

34 Kennedy Space Center

Space Explorations Exponate der Gemini- und Mercury-Missionen, darunter originale Kontroll-Konsolen. Im *Shuttle Launch Experience* kann man die beim Start eines Space Shuttles auftretenden Kräfte am eigenen Leib nachempfinden. Seit Juli 2013 ist eine weitere Attraktion im Visitor Complex zu bestaunen: In einer eigens gebauten, 6000 m² großen Halle hat das Space Shuttle *Atlantis* nach seiner letzten Mission eine neue Heimat gefunden.

Das schwarze, Ehrfurcht gebietende **Astronaut Memorial** erinnert an die Opfer der amerikanischen Weltraummissionen. 1967 kam die dreiköpfige Crew von ›Apollo 1‹ bei einem Brand auf der Startrampe ums Leben, 1986 starben die sieben Besatzungsmitglieder der Raumfähre ›Challenger‹ bei einer Explosion nach dem Start. Im Februar 2003 kamen weitere sieben Astronauten ums Leben, als das Shuttle ›Columbia‹ beim Landeanflug auseinanderbrach. Da sich der *Space Mirror*, eine 13 m hohe Granittafel, auf die Namen der Toten eingraviert sind, mit dem Sonnenstand bewegt, werden die Namen stets von ihrem Licht erleuchtet.

Nur im Rahmen einer Tour mit dem Bus ist das **NASA-Gelände** dem Publikum zugänglich. Neben speziellen geführten Touren gibt es die *KSC General Bus Tour*, eine Hop-on-hop-off-Linie. Diese Standardfahrt (tgl. ab 10 Uhr alle 15 Min., Dauer ca. 2,5 Std.) führt von einem Aussichtspunkt (Busstop) über die nun stillgelegten *Startrampen* der Space Shuttles (Launch Complex 39, Launch Pads A und B), vorbei am riesigen *Vehicle Assembly Building,* einer der größten Hallen der Welt, in der die Space Shuttles montiert wurden. Dann halten die Besucher am *Apollo/Saturn V Center*. Dort befindet sich eine 111 m lange, originale Saturn-V-Rakete, die 1968–72 neunmal

34 Kennedy Space Center

zum Mond flog, jeweils mit einem Startgewicht von mehr als 3000 t und Spitzengeschwindigkeiten von 40 000 km/h. Die Ausstellung zeigt außerdem eine Mondfähre und die dreisitzige Kommandokapsel, deren Hitzeschild Temperaturen von über 2800 °C verträgt und die als einziger Teil der Apollo-Mission zur Erde zurückkehrte. Filme über den letzten Countdown und interaktive Ausstellungen runden das attraktive Angebot ab. Am KSC Visitor Complex startet auch die Bustour ›Cape Canaveral: Then and Now‹. Mit ihr gelangt man u. a. zum *Air*

Force Space and Missile Museum (191 Museum Circle, www.afspacemuseum.org), das Exponate zur Geschichte der amerikanischen Raumfahrt zeigt.

Zum Kennedy Space Center gehört auch die gut 9 km westlich des Besucherzentrums gelegene **U. S. Astronaut Hall of Fame** (6225 Vectorspace Boulevard, Titusville, tgl. 12–17 Uhr). Die Ruhmeshalle der Raumfahrer beschäftigt sich insbesondere mit den Mercury-, Gemini- und Apollo-Astronauten, den Raumfahrern der ersten Generation. Interessant ist vor allem eine originale *Mercury-Kapsel*.

Das Tor zum Weltraum

Der ›Sputnik-Schock‹ erschütterte das Selbstbewusstsein der USA bis ins Mark, hatte doch die Sowjetunion in den 1950er-Jahren gleich zweimal die Nase vorn: 1957 hob **Sputnik** als erster künstlicher Erdsatellit ab und 1959 fotografierte **Lunik** als erstes die Rückseite des Mondes. Zügig wurde nun gehandelt, 1958 die **NASA** (www.nasa.gov) gegründet, und bereits 1961 versprach Präsident John F. Kennedy, dass noch im gleichen Jahrzehnt ein Amerikaner auf dem Mond stehen würde.

Beim Kampf um die nationale Ehre wurden immense Finanzmittel in das Raumfahrtprogramm investiert, die als Raketentestgelände genutzte **Cape Canaveral Air Force Station** zügig ausgebaut. Aber zunächst verzeichnete das russische Programm die meisten Erfolge. 1961 umkreiste **Juri Gagarin** als erster Mensch die Erde in einer Raumkapsel. Nur ein Jahr später drehte **John Glenn** als erster US-Astronaut in einer einsitzigen Mercury-Kapsel seine Runde. Dieser folgten die zweisitzigen Gemini-Kapseln und die dreisitzigen Apollo-Kapseln mit den 111 m hohen Saturn-V-Trägerraketen. Schnell hatten die Amerikaner die Sowjetunion bei dem Rennen um den ersten Mann auf dem Mond überholt, auch mit tatkräftiger Hilfe deutscher Wissenschaftler. **Werner von Braun**, im Zweiten Weltkrieg technischer Leiter der Heeresversuchsanstalt in Peenemünde, war an der Entwicklung der Saturn-Raketen beteiligt.

1969 betraten die Astronauten **Neil Armstrong** und **Edwin Aldrin** als Besatzung von ›Apollo 11‹ den Mond. Waren bemannte Mondlandungen anfangs noch Medienereignisse ersten Ranges, ließ die Euphorie schnell nach. Bereits nach der sechsten Mondlandung 1972 wurde das prestigeträchtige, aber extrem kostspielige Programm aufgegeben.

Mit dem Start der Raumfähre **Columbia** 1981 begann die Abkehr von den ›Wegwerfraketen‹ der ersten Generation hin zu wiederverwendbaren Raumtransportern, von denen insgesamt aber nur fünf gebaut wurden. Seit den Explosionen von Challenger und Columbia verschärfte die NASA zudem ihre Sicherheitsrichtlinien so sehr, dass Starts nur noch mit enormem Aufwand möglich waren. Die verbliebenen Space Shuttles Atlantis, Discovery und Endeavour kamen zudem schnell in die Jahre. Deshalb beendete die NASA ihr Shuttle-Programm mit der Landung der Atlantis am 21. Juli 2011 nach 135 Flügen.

Ob und wann die USA wieder selbst bemannte Raumflüge ins All schicken werden, steht derzeit in den Sternen. Denn angesichts eines gigantischen Haushaltsdefizits beerdigte Präsident Obama 2010 die Pläne für eine Rückkehr zum Mond bis 2020. So werden in den nächsten Jahren US-amerikanische Astronauten als Passagiere in russischen oder chinesischen Raketen ins Weltall und zur Internationalen Raumstation ISS starten. Es scheint, als hänge das Prestige der Nation 60 Jahre nach dem Sputnik-Schock nicht mehr von ihrer Fähigkeit ab, Menschen selbstständig in den Himmel zu schießen. Stattdessen plant der Präsident, mit Orion Raumschiffen in den 2030er Jahren einen bemannten Mars-Flug zu realisieren. Zudem sollen künftig auch private Unternehmen Raumschiffe entwickeln und so den NASA-Finanzhaushalt aufbessern.

35 Canaveral National Seashore

Kilometerlang erstrecken sich die unberührten Strände an der Canaveral National Seashore

🅘 Praktische Hinweise

Information
Kennedy Space Center Visitor Complex, Tel. 866/737 52 35, www.kennedyspacecenter.com, tgl. 9–18 Uhr, zur Hochsaison bis 19 Uhr.

Hotel
***Best Western Space Shuttle Inn**, 3455 Cheney Highway (SR 50), Titusville, Tel. 321/269 91 00, www.bwspaceshuttleinn.com. Best-Western-Standard, das dazugehörige Durango Steak House serviert Südstaatenküche (Tel. 321/264 24 99, http://durangostitusville.com).

Restaurant
Dixie Crossroads Seafood Restaurant, 1475 Garden Street, Titusville, Tel. 321/268 50 00, www.dixiecrossroads.com. Sehr gute und günstige Fisch- und Meerestiergerichte.

35 Canaveral National Seashore

Fantastische Vogelparadiese im Schatten der Raketen.

Entlang der Atlantikküste Floridas bilden die fast 40 km der Canaveral National Seashore das am wenigsten von der Zivilisation berührte Stück Land. Das Naturschutzgebiet nördlich der Abschussrampen des Kennedy Space Center liegt an einer Zugvogelroute und ist für jegliche kommerzielle Nutzung gesperrt.

Auf den lang gestreckten Nehrungsinseln liegen wunderschöne *Strände*, im Norden an der SR A1A der **Apollo Beach** (Zufahrt ab New Smyrna Beach), im Süden am Ende der SR 402 der **Playalinda Beach** (Zufahrt ab Titusville). Dazwischen erstrecken sich knapp 20 km lange Dünen und Sandstrände. Apollo Beach und Playalinda Beach besitzen – für Florida absolut ungewöhnlich – an ihren entlegenen Ufern je einen inoffiziellen *Nacktbadestrand*.

Ausflug
Südlich der Canaveral National Seashore breitet sich in einer Salzmarsch auf dem Areal des Kennedy Space Center das **Merritt Island National Wildlife Refuge** (Tel. 321/861 06 68, www.fws.gov/merrittisland, tgl. Sonnenauf- bis Sonnenuntergang) aus. Das Visitor Information Center, SR 402, liegt auf dem Weg zur Canaveral National Seashore. Zwischen Oktober und März ist in diesem Schutzgebiet die beste Zeit für Vogelbeobachtungen. Die schönste Tour durch das Gelände führt ab der SR 406 über den 11 km langen *Black Point Wildlife Drive*. Er nutzt einen der alten Deiche, die einst zur Eindämmung der Mückenschwärme im Sommer angelegt worden waren, um die Brutstätten der Insekten zu überfluten. Dadurch hatte sich jedoch das ökologische System von einer Salzmarsch zu offenen seichten Teichen verwandelt, daher werden die Deiche nun wieder geöffnet. Sie eignen sich ideal für kurze

35 Canaveral National Seashore

Spaziergänge, in den Teichen lassen sich oft *Alligatoren* beobachten.

ℹ Praktische Hinweise

Information

Canaveral National Seashore Park Headquarters, 212 South Washington Avenue, Titusville, Tel. 321/267 11 10, www.nps.gov/cana

Wechselblütig und schutzbedürftig

Der **Alligator mississippiensis** ist das größte Reptil Nordamerikas. Männliche Exemplare erreichen bis zu 5,80 m Länge, Weibchen maximal 2 m. Da die Wechselblüter ihre Körpertemperatur der Umgebungswärme anpassen, liegen sie insbesondere an kühleren Tagen bei Sonnenschein fotogen an den Uferböschungen.

Im regenreichen **Sommer** verziehen sich die Alligatoren weit in das überschwemmte Hinterland. Sobald die Wassermassen im trockenen **Winter** abfließen, müssen die Echsen mit Kanälen und Seen vorliebnehmen. Oft graben sich Alligatoren tiefe Löcher, die ihnen, mit Wasser gefüllt, einen angenehmen Winteraufenthalt bescheren. Und auch für andere Tiere ist das Wasser des ›Gator hole‹ lebenswichtig. Zur **Paarungszeit** im April und Mai ertönt das heisere ›Bellen‹ der Alligatoren. Etwa Mitte Juni legt das Weibchen in einem mit Blättern und Schlamm aufgeschütteten Nest 20–60 ledrige Eier, woraus nach zwei Monaten der Nachwuchs schlüpft. Anfang der 1970er-Jahre war der Alligatorenbestand durch hemmungslose Jagd stark geschrumpft. Mittlerweile sind die Riesenechsen dank strikter **Schutzmaßnahmen** wieder im ganzen Südosten der USA heimisch, sogar die kontrollierte Jagd ist erlaubt.

Oft werden Mississippi-Alligator und **Spitzkrokodil** (Crocodylus acutus) verwechselt, doch handelt es sich um zwei verschiedene Tierarten. Der Alligator weist eine breite, gerundete Schnauze auf, während das Spitzkrokodil spitzmäulig ist. Im Gegensatz zum süßwasserliebenden Alligator lebt das bedrohte Krokodil im Salzwasser der äußersten Florida Bay im Everglades National Park [s. S. 54].

36 Daytona Beach

Strand der Eitelkeiten: schöner Sand, rasende Autos, blitzende Motorräder.

Daytona Beach ist weltweit bekannt für seinen 37 km langen und bei Ebbe 150 m breiten, harten Sandstrand, der auf 26 km gemäß alter Tradition mit Autos (an fünf verschiedenen Abschnitten, tgl. 8–19 Uhr) befahren werden darf, wenn auch heutzutage nur im Spaziertempo. Wo heute Jungs und Mädels auf Badetüchern in direkter Sichtweite der Autokolonnen liegen und Strandwanderer, Jogger sowie Radfahrer das Verkehrsaufkommen vervollständigen, erreichten Rennfahrpioniere seit dem frühen 20. Jh. Geschwindigkeitsrekorde, zuletzt 1935 *Sir Malcolm Campbell* mit 445 km/h. Er trieb seinen ›Bluebird V‹ mithilfe von Flugzeugmotoren zu diesem letzten offiziellen Strandrekord an. Seit 1959 finden die Rennen im **Daytona International Speedway** (1801 West International Speedway Boulevard, Tel. 800/748 74 67, www.daytonainternationalspeedway. com) östlich der I-95 statt. Floridas größte Sportarena mit einem Innenfeld, den Boxen und einem um 31 Grad extrem überhöhten Kurven bildet ein insgesamt 4 km langes Hochgeschwindigkeitsoval. Busse befahren dieses legendärste Motodrom der USA in der halbstündigen *Speedway Tour* (tgl. 11.30–16 Uhr). Zum *Daytona 500*, dem berühmtesten NASCAR-Rennen der Welt zum Ausklang der **Speed Weeks** Ende Februar, sind im näheren Umkreis alle Hotelzimmer belegt. Auch während der **Bike Week** (www.officialbikeweek. com) Mitte März, einem zehntägigen Motorradtreffen, das speziell Harley Davidson Fans anzieht, sind so gut wie alle Betten vergeben. Ähnliches gilt für das viertägige **Biketoberfest** (www.bike toberfest.org) mit Zehntausenden von Motorradfahrern Mitte Oktober und während des *Spring Break*, der Ferienzeit der Collegestudenten vor Ostern.

Rund 300 m weit erstreckt sich von der Strandpromenade der **Main Street Pier** ins Meer, ganz im Stil der Seebäder im Osten der USA ausgestattet, mit Gondel, Restaurant, Aussichtsturm und Vergnügungsarkaden. Davor herrscht an der langen Küstenstraße SR A1A stets reges Treiben und ein turbulentes Nachtleben in Discos, Klubs und Bars. Beiderseits der Pier verkehrt Downtown der nostalgische *A1A Beachside Trolley* (www.vo

36 Daytona Beach

Viel Blech – in Daytona Beach gehören Autos zum Strandvergnügen dazu

tran.org, Jan.–Labour Day Mo–Sa 12–24, So 7–18 Uhr) entlang der Küste.

Das **Museum of Arts and Sciences** (352 South Nova Road, Tel. 386/255 02 85, www.moas.org, Di–Sa 9–17, So 11–17 Uhr) vereint mehrere Sammlungen unter seinem Dach. Neben einem Überblick zur Vor- und Frühgeschichte Floridas sind auch Kunstwerke aus Afrika, China und den USA zu sehen, Masken, Porzellan, Möbel und Gemälde. Besonders hochkarätig ist die Kollektion *kubanischer Kunst* aus der Sammlung des kubanischen Diktators *Fulgencio Batista* (1901–73), der in Daytona Beach ein Haus hatte. Nicht ganz in das Haus scheinen die mehr als 800 Teddybären zu passen, die ebenfalls hier ausgestellt sind.

Am Südende des Strandes ragt der rote, 1887 errichtete **Ponce de Leon Inlet Lighthouse** (4931 South Peninsula Drive, Ponce Inlet, Tel. 386/761 18 21, www.ponceinlet.org, tgl. 10–18, Ende Mai–Anf. Sept. tgl. 10–21 Uhr) 53 m hoch auf. Vom Leuchtturm bietet sich nach 203 Stufen ein *Panoramablick* auf Daytona Beach – besonders schön am Spätnachmittag. Die weiß getünchten Häuschen am Fuße des Turms beherbergen eine Dokumentation zur Leuchtturmrestauration sowie se-

103

36 Daytona Beach

henswerte maritim-historische Wechselausstellungen. Im nahen, zugehörigen *Davies Lighthouse Park* führt ein Plankenweg zur Landspitze und zum **Marine Science Center** (100 Lighthouse Drive, Tel. 386/304 55 45, www.marinesciencecenter.com, Di–Sa 10–16, So 12–16 Uhr) mit einem Seeschildkröten-Rehabilitationszentrum und Korallenriff-Aquarium.

Ausflüge

Ein schöner Abstecher ins Landesinnere führt zum idyllischen **De Leon Springs State Park** (601 Ponce de Leon Boulevard, De Leon Springs, Tel. 386/985 42 12, www.floridastateparks.org/deleonsprings, tgl. 8 Uhr bis Sonnenuntergang) 35 km westlich von Daytona Beach. Erfrischung von der Sommerhitze Floridas bietet ein Bad im 22 °C warmen Quellwasser. Der Park verfügt über einen Paddelboot-, Kajak- und Kanuverleih sowie ein Restaurant.

45 km nördlich von Daytona Beach liegt der **Washington Oaks Gardens State Park** (6400 North Oceanshore Boulevard, Palm Coast, Tel. 386/446 67 80, www.floridastateparks.org/washingtonoaks, tgl. 8 Uhr bis Sonnenuntergang). Hier erstreckt sich auf einem breiten Landstreifen zwischen Matanzas River und dem teils felsdurchsetzten Atlantiksandstrand ein herrlicher parkähnlicher Garten mit einheimischen und exotischen Pflanzen.

Praktische Hinweise

Information

Daytona Beach Visitors Center, 126 East Orange Avenue, Daytona Beach, Tel. 386/255 04 15, www.daytonabeach.com

Hotels

***Bahama House**, 2001 South Atlantic Avenue, Daytona Beach, Tel. 386/248 20 01, 888/687 18 94, www.daytonabahamahouse.com. Hotel am Atlantikstrand südlich der Pier mit hübsch eingerichteten Zimmern, meist mit Küche.

***Daytona Beach Resort & Conference Center**, 2700 N Atlantic Avenue, Daytona Beach, Tel. 386/672 37 70, 877/644 32 39 , www.daytonabeachresort.com. Große Ferienanlage mit gemütlichen Zimmern. Direkt am Sandstrand nördlich von Downtown Richtung Ormond Beach.

Restaurants

Down the Hatch, 4894 Front Street, Ponce Inlet, Tel. 386/761 48 31, www.down-the-hatch-seafood.com. Seit 1975 traditionelle Fischgerichte mit Blick auf den Halifax River nahe des Ponce de Leon Inlet Lighthouse.

Old Spanish Sugar Mill, Grill and Griddle House, 601 Ponce de Leon Boulevard, De Leon Springs, Tel. 386/985 56 44, www.planetdeland.com/sugarmill. Rustikales Lokal in historischer Zuckermühle im De Leon Springs State Park. Auf Tischkochplatten können sich die Gäste Pfannkuchen in vielen Varianten selber zubereiten (tgl. 9–17 Uhr).

The Ocean Deck Restaurant & Beach Club, 127 South Ocean Avenue, Daytona Beach, Tel. 386/253 52 24, www.oceandeck.com. Am Sandstrand südlich der Pier, seit über 40 Jahren gibt es hier Fischgerichte und Live-Musik.

37 St. Augustine

Gnadenlos geschichtsträchtig: in den ältesten Gassen der USA.

St. Augustine hinterlässt den Eindruck einer kleinen mediterranen Stadt, allerdings ohne entsprechendes Nachtleben. Enge Straßen durchziehen die heimelige Altstadt, deren gut erhaltene Architektur nur wenig mit moderner Bausubstanz durchsetzt ist.

An der Küste des heutigen St. Augustine ging *Juan Ponce de León* 1513 als erster Europäer in Florida an Land. Seit 1565 ist St. Augustine permanent bewohnt, keine Stadt der heutigen USA blickt auf eine ähnlich lange Siedlungsgeschichte zurück. Sie musste allerdings wegen ihrer strategischen Bedeutung immer wieder Angriffe seitens der Engländer überstehen, erstmals 1586, als die Flotte von *Sir Francis Drake* die Stadt zerstörte. Im 17. Jh. erbauten die Spanier das Castillo de San Marcos, dessen Mauern allen Eroberungsversuchen trotzten und der Stadt eine dominierende Rolle in Florida bescherten. Erst 1824 mit der Gründung Tallahassees als neuer Hauptstadt verlor St. Augustine an Bedeutung.

Umgeben von Wassergräben und Wällen liegt am Rande der Altstadt das aus Muschelgestein erbaute **Castillo de San Marcos** (1 South Castillo Drive, Tel. 904/829 65 06, www.nps.gov/casa, tgl. 8.45–17.15 Uhr). In jeder der vier Ecken des 1695 fertiggestellten, symmetrischen Forts befindet sich eine mit Kanonen bestückte, diamantförmige Bastion – typisch für europäische Befestigungsanlagen und

37 St. Augustine

Feuer frei – Kanonen auf den Bastionen des Castillo de San Marcos von St. Augustine

einzigartig für Florida. Von den Mauern hat man eine prächtige *Aussicht* auf die Altstadt und die Matanzas Bay. An den Wochenenden (Fr–So 10.30–15.30 Uhr) findet fünfmal täglich eine Demonstration historischer Waffen aus der Kolonialzeit statt, vorgeführt von zeitgenössisch gekleideten ›Soldaten‹.

Auch alle weiteren Sehenswürdigkeiten der Altstadt lassen sich hervorragend zu Fuß, mit nostalgischen Trolley-Bussen oder per Kutsche (ab Castillo) erkunden. Touristisches Herzstück ist die kopfsteingepflasterte Fußgängerzone **St. George Street** mit dem Stadttor am nördlichen Ende. An die Schultage Mitte des 18. Jh. erinnert das einstöckige, hölzerne **Oldest Wooden Schoolhouse** (14 St. George Street, Tel. 888/6537245, www.oldest woodenschoolhouse.com, tgl. 9–17 Uhr). Im Freilichtmuseum **Colonial Quarter** (33 St. George Street, Tel. 904/3422857, www.colonialquarter.com, tgl. 10–18 Uhr) präsentieren sich ein paar Schritte weiter Gebäude und andere Relikte aus dem 16.–18. Jh. Den zeitgenössisch gekleideten ›Bewohnern‹ kann man bei Handwerksvorführungen zuschauen. Vom Wachtturm der Anlage bietet sich ein schöner Blick über Castillo und Küste.

An der Ecke zur King Street widmet sich das **Government House Museum**

An der St. George Street stehen historische Gebäude aus der Zeit der spanischen Besiedlung

105

37 St. Augustine

(48 King Street, Tel. 904/825 50 33, www.staugustine.ufl.edu/govHouse.html, tgl. 10–17 Uhr) der städtischen Geschichte von der Siedlungszeit der indigenen Bevölkerung bis zum Ende des 19. Jh.

Südlich der King Street liegt im **Oldest House Museum Complex** (271 Charlotte Street, Tel. 904/824 28 72, www.staugustinehistoricalsociety.org, tgl. 9–17 Uhr) das *González-Alvarez House*. Die Grundmauern des ältesten Gebäudes aus spanischer Kolonialzeit stammen aus dem beginnenden 18. Jh. Zum Komplex gehören zudem ein schöner Garten und eine Galerie, in der Wechselausstellungen zu unterschiedlichen Themen stattfinden.

1887 erbaute der Eisenbahnmagnat Henry Flagler das exklusive ›Hotel Alcazar‹ für Winterurlauber aus dem Norden, doch mit der zunehmenden Erschließung Südfloridas zogen auch die Touristen weiter nach Süden und das Hotel verlor seine Bedeutung. 1948 gründete der Chicagoer Zeitschriftenverleger *Otto C. Lightner* in dem Gebäude ein Museum mit Antiquitäten, Musikinstrumenten und Glaskunst, das heutige **Lightner Museum** (75 King Street, Tel. 904/824 28 74, www.lightnermuseum.org, tgl. 9–17 Uhr). Auf der gegenüberliegenden Straßenseite erhebt sich das 1888 ebenfalls von Henry Flagler als ›Hotel Ponce de Leon‹ eröffnete prachtvolle **Flagler College** (74 King Street, Tel. 800/304 42 08, www.flagler.edu), an dem Betriebswirtschaft und Geisteswissenschaften gelehrt werden.

Aus dem Jahr 1874 stammt das **St. Augustine Lighthouse** (100 Red Cox Road, 2 km südlich von St. Augustine, Tel. 904/829 07 45, www.staugustinelighthouse.com, tgl. 9–19 Uhr). Vom 50 m hohen *Aussichtsdeck* bietet sich ein weiter Blick über Strand und Ort. Auf der gegenüberliegenden Seite der SR A1A sind in der **St. Augustine Alligator Farm** (999 Anastasia Blvd., Tel. 904/824 33 37, www.alligatorfarm.us, tgl. 9–17, im Hochsommer bis 18 Uhr) mehrere Krokodilarten zu Hause, die in ihren Algenteichen und in *Reptilien- und Alligatorenshows* zu sehen sind. Südlich der Farm geht es zum populären **Anastasia State Park** (1340-A A1A South, Tel. 904/461 20 33, www.floridastateparks.org/anastasia, tgl. 8 Uhr bis Sonnenuntergang). Er liegt am Nordostzipfel von Anastasia Island und besticht mit einem 7 km langen, breiten Atlantikstrand. Man kann das Schutzgebiet schön mit dem Fahrrad erkunden, Verleih bei *Island Beach Camp Store* im Park (Tel. 904/461 93 22). Ca. 25 km

südlich gelangt man zum **Marineland Dolphin Adventure** (9600 Oceanshore Boulevard, Tel. 904/471 11 11, www.marineland.net, tgl. 9–16.30 Uhr), in dem man mit Delfinen schwimmen kann.

In entgegengesetzter Richtung, 10 km nordwestlich von St. Augustine, erreicht man das **World Golf Village** (1 World Golf Place, Tel. 904/940 40 33, www.wgv.com, Mo–Sa 10–18, So 12–18 Uhr). Hier werden in der *World Golf Hall of Fame* die weltbesten Golfer geehrt und die Geschichte des Sports dargestellt (mit IMAX-Kino).

Praktische Hinweise

Information

St. Augustine, Ponte Vedra & The Beaches Visitors & Convention Bureau, 29 Old Mission Avenue, St. Augustine, Tel. 904/829 17 11, 800/653 24 89, www.floridashistoriccoast.com

Bootstouren

St. Augustine Eco Tours, 111 Avenida Menendez, Tel. 904/377 72 45, www.staugustineecotours.com. Einzigartige Touren um Flora und Fauna zu erkunden, entweder per Motorboot oder per Kajak.

Einkaufen

St. Augustine Premium Outlets, 2700 State Road 16, St. Augustine, Tel. 904/825 15 55, www.premiumoutlets.com,

106

Mo–Sa 9–21, So 10–18 Uhr. Direktverkauf ab Hersteller in 85 Geschäften.

Hotels
***Agustin Inn**, 29 Cuna Street, St. Augustine, Tel. 904/823 95 59, 800/248 78 46, www.agustininn.com. Bed & Breakfast in der Altstadt mit hübschen, geräumigen Zimmern mit Whirlpool-Bad.

***Old Powder House Inn**, 38 Cordova Street, St. Augustine, Tel. 904/824 41 49, 800/447 41 49, www.oldpowderhouse.com. Komfortables Bed & Breakfast in der Altstadt, eingerichtet in romantischem Landhausstil mit großer Veranda.

Restaurant
Salt Water Cowboy's, 299 Dondanville Road, St. Augustine, Tel. 904/471 23 32, www.saltwatercowboys.com. Alligator und Fisch, frisch und gut, serviert in legerer Atmosphäre.

38 Jacksonville

Ein Bild von einer Stadt: Nordostfloridas Metropole am St. Johns River.

Am Springbrunnen des **Friendship Park** beginnt die blumengeschmückte Uferpromenade. Mit der geschwungenen *Main Street Bridge* im Vordergrund bietet der *Southbank Riverwalk* ein schönes

Blick auf Jacksonvilles Skyline über den St. John's River vom Southbank Riverwalk aus

Panorama der Skyline von Downtown Jacksonville, die sich am gegenüberliegenden Ufer des St. Johns River erhebt. Auf der dortigen Flussseite passiert der *Northbank Riverwalk* **Jacksonville Landing** (2 W Independent Drive, Tel. 904/353 11 88, www.jacksonvillelanding.com, Mo–Do 10–20, Fr/Sa 10–21, So 12–17.30 Uhr), einen Entertainmentkomplex mit Geschäften und Restaurants. Weiter flussaufwärts liegt das **Cummer Museum of Art and Gardens** (829 Riverside Avenue, Tel. 904/356 68 57, www.cummer.org, Di 10–21, Mi–Sa 10–16, So 12–16 Uhr). Das ausgezeichnete Kunstmuseum präsentiert Exponate aus der Zeit vom 2. Jt. v. Chr. bis in die Gegenwart, mit dem Schwerpunkt *Meißener Porzellan*. Bis zum Fluss erstrecken sich von englischen und italienischen Vorbildern inspirierte Gärten.

Die **Anheuser-Busch Brewery** (111 Busch Drive, Tel. 904/696 83 73, www.budweisertours.com, Mo–Sa 10–16 Uhr) nördlich des Trout River gehört zum weltgrößten Brauereikonzern. Führungen erläutern die Bierherstellung, zwischendurch kann man Proben der unterschiedlichen Biersorten kosten.

Auf dem Weg zum populären **Jacksonville Beach** bietet sich ein Stop im **Fort Caroline National Memorial** (12713

38 Jacksonville

Fort Caroline Road, Tel. 904/6417155, www.nps.gov/foca, tgl. 9–17 Uhr) am St. Johns River an. Der originalgetreue Nachbau steht an derselben Stelle wie das 1565 von den Spaniern zerstörte französische Fort. Am Jacksonville Beach bietet der Vergnügungspark **Adventure Landing** (1944 Beach Boulevard, Tel. 904/2464386, www.adventurelanding. com, So–Do 10–22, Fr/Sa 10–24 Uhr) u. a. Minigolf und Gokart-Fahrten, im Sommer lockt zudem der *Shipwreck Island Waterpark* (Juni–Mitte Aug. tgl. 10–20, sonst Sa/So 10–18 Uhr) zum Badevergnügen.

Ausflüge

Entlang der SR A1A Richtung Amelia Island trifft man nördlich des St. Johns River zunächst auf den dünengesäumten **Huguenot Memorial Park**, (10980 Heckscher Drive, Tel. 904/2513335, April–Okt. tgl. 8–20, sonst tgl. 8–18 Uhr), in dem Autos am Strand erlaubt sind.

Mit einem exzellenten, 8 km langen Strand und hübschen Wegen durch Salzmarsch, Sanddünen und Wald schließt sich nördlich daran der **Little Talbot Island State Park** (12157 Heckscher Drive,

Tel. 904/2512320, www.floridastateparks. org/littletalbotisland, tgl. 8. Uhr bis Sonnenuntergang) an, Heimat von Flussottern, Marschhasen, Rotluchsen und zahlreichen Vogelarten. Die gesamte Nehrungsinsel steht unter Naturschutz, doch ist in den Salzmarschen im Westen Angeln und Kanufahren erlaubt.

Etwas landeinwärts liegt auf St. George Island die **Kingsley Plantation** (11676 Palmetto Avenue, Tel. 904/2513537, www. nps.gov/foca, tgl. 9–17 Uhr), die zum *Timucuan Ecological and Historic Preserve* gehört. Das Anwesen war einst eine Großplantage mit Sklavenhaltung, wie sie bis zum Ausbruch des Amerikanischen Bürgerkriegs 1861 auch in Nordflorida zahlreich zu finden waren. 1814 hatte Zephaniah Kingsley die Plantage übernommen und baute hier mit bis zu 60 Sklaven Baumwolle, Indigo, Zitrusfrüchte und Zuckerrohr an. Frappierend wirkt noch heute der Unterschied zwischen dem vornehmen, 1798 erbauten *Herrenhaus* (zzt. wg. Restaurierung nur Sa/So 11 und 15 Uhr mit Voranmeldung zugänglich) und den kargen *Sklavenunterkünften*, die aus *Tabby* errichtet wurden, einem Zement aus Sand und Austernschalen.

ℹ Praktische Hinweise

Information

Visitor Center (im Jacksonville Landing), 2 Independent Drive, Jacksonville, Tel. 904/7914305, www.visitjacksonville.com

Hotels

***Indigo Jacksonville Deerwood Park**, 9840 Tapestry Park Circle, Jacksonville, Tel. 904/9967199,www.hoteldeerwood park.com. Attraktives Boutiquehotel in ruhiger Lage direkt am Seeufer im Tapestry Park.

Restaurant

The Blue Fish, 3551 St. Johns Avenue, Jacksonville, Tel. 904/3870700, www. bluefishjax.com. Elegantes Fischrestaurant mit hübschem Innenhof im noblen Vorort Avondale.

In den Wind geschrieben

Amelia Island hat eine abwechslungsreiche Geschichte, von der die stattliche Zahl verschiedener Namen und Flaggen beredtes Zeugnis ablegt. Unter den Franzosen (1562–65), die das Eiland als erste Europäer betraten, hieß die Insel **Isle de Mai**. Unter spanischer Herrschaft (1565–1763 und 1783–1817) wurde sie **Santa Maria** genannt. Die Briten (1763–83) tauften sie **Egmont** nach dem 2nd Earl of Egmont. Ihren endgültigen Namen erhielt die Insel nach Amelia, der Tochter des britischen Königs George II.

1812/13 wehte bei einer Revolte die Flagge der **Patriots of Amelia Island**, 1817 eroberte der Schotte Sir Gregor MacGregor kurzfristig die Insel und hisste die Flagge des **Green Cross of Florida**. Er wurde abgelöst von Piraten Luis Aury mit der **Mexican Rebel Flag**. Im selben Jahr noch marschierten US-Truppen ein. Offiziell weht seit 1821 daher das **Sternenbanner**, mit einer kurzen Unterbrechung 1861/62 im Amerikanischen Bürgerkrieg, als Südstaatentruppen die achte Herrscherflagge über die Insel hissten.

---

39 Amelia Island

Acht Flaggen über einer Insel.

Ein Kleinod unmittelbar südlich der Grenze zu Georgia ist Amelia Island. Floridas nördlichste Insel an der Atlantikküste

39 Amelia Island

Die Seele baumeln lassen – in Amelia Islands unberührter Natur ist das kein Problem

besitzt zwischen Fort Clinch im Norden [s. u.] und **Amelia Island State Park** (Tel. 904/2512320, www.floridastateparks.org/ameliaisland, tgl. 8 Uhr bis Sonnenuntergang) im Süden 20 km lange, durchgehende **Sandstrände**. Ein besonderes Erlebnis ist es, diese Strände auf dem Rücken von Pferden zu erkunden [s. u.].

1861 eröffnete die erste Eisenbahnstrecke quer durch Florida, die von Cedar Key [s. S. 81] nach **Fernandina Beach** verlief, einem kleinen Seebad am Nordzipfel von Amelia Island. Das Städtchen erlebte eine wirtschaftliche Blüte, doch als später auch der Süden des Landes per Bahn erreichbar wurde, versank es in Bedeutungslosigkeit. So konnte die *Altstadt* von Fernandina Beach mit ihren viktorianischen Häusern um die *Centre Street* das Flair des ausgehenden 19. Jh. bewahren. Gegenüber vom Visitor Center im Old Railroad Depot steht der *Palace Saloon* (117 Centre Street, Tel. 904/4913332, www.thepalacesaloon.com) von 1878, eine der ältesten Bars Floridas. Im nahen *Fischerhafen* ist das tägliche Einlaufen der Krabbenboote ein viel fotografierter Höhepunkt.

Seit 1847 trotzt an der Nordostküste von Amelia Island die mächtige Festung **Fort Clinch State Park** (2601 Atlantic Avenue, Tel. 904/2777274, www.floridastateparks.org/fortclinch, tgl. 8 Uhr bis Sonnenuntergang) den Stürmen. Im Sezessionskrieg wurde sie für kurze Zeit von der Südstaatenarmee erobert, doch bald nach den Kampfhandlungen wurde sie dann aufgegeben. Heute touren Zivilisten durch die gut erhaltene Anlage (tgl. 9–17 Uhr). In der *Parkinformation* werden interessante Ausstellungen zur Geschichte gezeigt.

Praktische Hinweise

Information
Amelia Island Tourist Development Council, 102 Centre Street, Amelia Island, Tel. 904/2770717, www.ameliaisland.com

Sport
The Kelly Seahorse Ranch, Tel. 904/4915166, www.kellyranchinc.net. Ausritte auch für Anfänger im Amelia Island State Park.

Hotel
*****Hoyt House B & B**, 804 Atlantic Avenue, Amelia Island, Tel. 904/2774300, 800/4322085, www.hoythouse.com. Edle zweistöckige viktorianische Frühstückspension von 1905 in der Altstadt.

Restaurant
David's Restaurant & Lounge, 802 Ash Street, Fernandina Beach, Tel. 904/3106049, www.ameliaislanddavids.com. Feines Seafood und hervorragende Steaks in elegantem Ambiente.

Panhandle – schneeweiße Sandstrände an Floridas ›Pfannenstiel‹

Die kilometerlangen reinen, weißen Quarzsandstrände der vielfach noch ganz ursprünglichen Nordwestküste zählen zu Recht zu den schönsten Küsten Floridas. Kulturell, klimatisch und geografisch lässt sich der touristisch weniger frequentierte Panhandle eher zu den Südstaaten als zum ›abgelegenen‹ Rest Floridas rechnen. Von ›hier oben‹ wacht die Staatshauptstadt **Tallahassee** über die Geschicke des Sunshine State. Schier endlose Muschelstrände sind das Markenzeichen von **St. George Island** und der **St. Joseph Peninsula**, weiß und fein wie Puderzucker locken die Strände von **Panama City Beach** und **Fort Walton Beach** an der Emerald Coast.

40 Tallahassee

Näher an den Südstaaten als an Südflorida: Floridas Hauptstadt spricht den Akzent des Alten Südens.

Floridas Hauptstadt Tallahassee breitet sich in den leicht hügeligen, seen- und sumpfreichen Red Hills aus. Sie liegt näher an New Orleans oder Atlanta als an Miami. 1824, drei Jahre nach der offiziellen Eingliederung Floridas in die USA, fand in Tallahassee, der mitten in der Wildnis auf halber Strecke zwischen Pensacola und St. Augustine neu gegründeten Hauptstadt des Bundesstaates, die erste Parlamentssitzung statt.

22 Stockwerke hoch blickt der Turmbau des **Florida State Capitol** (400 South Monroe Street) über die Stadt hinweg. Ganz oben gibt es eine öffentlich zugängliche *Aussichtsetage,* im West Plaza Entrance eine *Touristeninfo* (Tel. 850/488 61 67, www.myfloridacapitol.com, Mo–Fr 8–17 Uhr, auch Führungen).

Im Schatten des modernen Regierungsgebäudes liegt das **Florida Historic Capitol** (400 South Monroe Street, Tel. 850/487 19 02, www.flhistoriccapitol.gov, Mo–Fr 9–16.30, Sa 10–16.30, So 12–16.30 Uhr) von 1845. Ansehnlich präsentiert sich Floridas ehemaliger Parlamentssitz mit rot-weiß-gestreiften Sonnenblenden im Erscheinungsbild von 1902. *Repräsentantenhaus, Senat* und *Gouverneurssuite* können besichtigt werden. Schräg gegenüber auf der anderen Seite der Monroe Street erinnern die 12 m hohen, granitenen *Zwillingstürme* mit über 2000 eingravierten Namen an aus Florida stammende Gefallene des Vietnamkriegs.

Westlich des Capitols stellt das **Museum of Florida History** (500 South Bronough Street, Tel. 850/245 64 00, www.museumoffloridahistory.com, Mo–Fr 9–16.30, Sa 10–16.30, So 12–16.30 Uhr) archäologische und historische Artefakte aus verschiedenen Epochen Floridas aus. In dem Museum ist das aus den Wakulla Springs [s. S. 112] stammende Skelett eines 12 000 Jahre alten, knapp 3 m hohen Mastodons zu Hause.

Nordöstlich der City präsentiert das **Tallahassee Automobile Museum** (6800 Mahan Drive, Tel. 850/942 01 37, www.tacm.com, Mo–Fr 8–17, Sa 10–17, So 12–17 Uhr) eine Oldtimerausstellung.

Mehrere **Canopy Roads**, sogenannte Baldachinstraßen, strahlen fächerförmig von der Innenstadt aus. Mit grauem Spanischen Moos drapierte, alte Eichen beschatten die Alleen, das Licht fällt grün gefiltert auf den Boden – ein romantisches Spiel aus Licht und Schatten.

Am letzten Samstag im März findet alljährlich das Springtime Tallahassee Festival mit tollem Straßenumzug statt (www.springtimetallahassee.com).

Ausflüge

Auf einer dieser Canopy Roads, der Centerville Road, erreicht man 19 km nordöstlich von Tallahassee Downtown den **Bradley's Country Store** (10655 Center-

40 Tallahassee

ville Road, Tel. 850/893 47 42, www.bradleyscountrystore.com, Mo–Fr 8.30–18, Sa 8.30–17, So 12.30–16.30 Uhr). Seit 1927 ist der Laden im Familienbesitz – ein der Zeit entrückter Platz, ideal für eine Pause. Noch immer wird hier die herzhafte *Country Sausage* hergestellt und verkauft.

Florida einmal anders heißt es auf dem **Tallahassee-St. Marks Historic Railroad State Trail** (Tel. 850/519 65 94, www.floridastateparks.org/tallahasseestmarks, tgl. 8 Uhr bis Sonnenuntergang). In den Jahren 1837–1984 wurden Baumwolle und andere Güter mit der Eisenbahn von Tallahassee zum Hafen St. Marks transportiert. Nach Umgestaltung der Strecke in einen asphaltierten, 26 km langen *Freizeitpfad* nutzen ihn nun Radfahrer, Skater und Jogger. Los geht's am Südrand von Tallahassee (4780 Woodville Highway).

Fahrräder leihen kann man z. B. bei *The Great Bicycle Shop* (3624 Woodville Highway, Tallahassee, Tel. 850/402 05 45, www.greatbicycle.com).

Am Lake Hall (knapp nördlich der I-10) lohnen die prachtvollen Anlagen des **Alfred B. Maclay Gardens State Park** (3540 Thomasville Road = Highway 319, Tel. 850/487 45 56, www.floridastateparks.org/maclaygardens, tgl. 8 Uhr bis Sonnenuntergang, Botanischer Garten tgl. 9–17 Uhr) einen Besuch. Sie gehörten zum Landsitz eines New Yorker Geschäftsmannes, der sich ab 1923 der Aufzucht von Azaleen, Kamelien und Magnolien widmete. Die schönste Blütezeit ist von Januar bis April.

Östlich von Tallahassee liegt der **Suwannee River State Park** (3631 201st Path, Live Oak, via I-10, Ausfahrt 275, Tel. 386/362 27 46, www.floridastateparks.org/suw

Tradition und Moderne hübsch vereint – das Historic Capitol im Schatten des State Capitol

Tallahassee

anneeriver, tgl. 8 Uhr bis Sonnenuntergang) an der Einmündung des Withlacoochee River in den aus Georgias Okefenokee-Sumpf kommenden Suwannee River. Eine 2 km lange Rundwanderung führt vom schattigen Picknickplatz über den *Suwannee River Trail* entlang des Flusses. Vom zypressenbestandenen Ufer aus sieht man bei Niedrigwasser kleine Quellen im Flussbett blubbern. Entlang des *Lime Sink Run* geht es von hier zurück zum Ausgangspunkt.

Praktische Hinweise

Information
Visit Tallahassee, 106 East Jefferson Street, Tallahassee, Tel. 850/606 23 05, 800/628 28 66, www.visittallahassee.com

Hotel
***Governors Inn**, 209 South Adams Street, Tallahassee, Tel. 850/681 68 55, 800/342 77 17, www.thegovinn.com. Gehobenes Boutiquehotel nahe dem State Capitol im Stadtzentrum mit individuell eingerichteten Zimmern.

Restaurant
Barnacle Bill's, 1830 North Monroe Street, Tallahassee, Tel. 850/385 87 34, www.barnaclebills.com. Fisch in allen Variationen: gegrillt, gedünstet oder geräuchert.

41 Wakulla Springs

Als Filmkulisse beliebt: Schon Tarzan badete in diesem Jungbrunnen.

Die phänomenale Quelle im *Edward Ball Wakulla Springs State Park* (465 Wakulla Park Drive, Tel. 850/561 72 76, www.floridastateparks.org/wakullasprings, tgl. 8 Uhr bis Sonnenuntergang) ist majestätisch in ihrer natürlichen Schönheit, ihrer Größe und ihrem Tierreichtum. Sie ist eine der größten Süßwasserquellen der Welt und stößt pro Minute rund 750 000 l konstant 21 °C warmes Wasser aus. Uralte, moosbehangene Bäume bilden die wie verwunschen wirkende Kulisse ringsum, hier sind Schlangenhalsvögel, Fisch- und Weißkopfseeadler sowie viele andere Vogelarten zu Hause. In den 1930er- und 1940er-Jahren diente die Gegend als Kulisse für einige *Tarzanfilme* mit Johnny Weissmüller.

Zu Floridas schönsten Bootsfahrten gehört die 50-minütige **River Boat Tour** (tgl. 9.30–17 Uhr) durch die üppige Natur, die Beobachtung von *Alligatoren* unterwegs ist auf dem Wakulla River fast immer möglich. Nicht umsonst warnen Schilder vor dem Schwimmen außerhalb des markierten, überwachten *Badebereiches*. Dort sind die Badegäste allerdings sicher, denn keine der sonnenhungrigen,

Ruhe und Natur abseits der Großstadt bieten die Alfred B. Maclay State Gardens

42 St. George Island

Das St. George Island Lighthouse wacht über das idyllische Inselleben

trägen Panzerechsen wird ihren idyllischen Ruheplatz freiwillig gegen den viel besuchten Strand eintauschen.

Weil das Wasser der Quelle recht trüb ist, ist der Blick durch den Schiffsrumpf bei einer **Glass Bottom Boat Tour** (tgl. 12–14 Uhr, ca. 1/2 Std.) in die Unterwasserwelt von Wakulla Springs oft unergiebig. Vom 30 m tiefen Grund der Quelle wurde übrigens auch das Skelett eines urzeitlichen *Mastodons* geborgen, das heute im Tallahassee Museum of Florida History [s. S. 110] aufbewahrt wird. Seit man 1850 die ersten dieser urzeitlichen Knochen auf dem Grund der Quellen entdeckte, wurden neun weitere Skelette gefunden.

Im **St. Marks National Wildlife Refuge** (1255 Lighthouse Road, Tel. 850/925 61 21, www.fws.gov/saintmarks, tgl. Sonnenaufbis Sonnenuntergang), einem Naturschutzgebiet an der Apalachee Bay südöstlich von Wakulla Springs, versammeln sich vor allem im Winter Wasservögel, im Herbst und Frühjahr Zugvögel. Das *Visitor Center* (Mo–Fr 8–16, Sa/So 10–17 Uhr) am Parkeingang vermittelt mit Ausstellungen und Videos einen Eindruck von der Parklandschaft und ihrer Flora und Fauna. Bekannt ist das Areal für seine kilometerlangen *Wanderwege*. Autostopps an der Parkstraße geben immer wieder Gelegenheit, auf den Deichen einen kurzen Spaziergang in die Wildnis zu unternehmen, in der sich zahlreiche Wasservögel, Alligatoren und andere Tiere des Marschlandes beobachten lassen. Die Parkstraße endet 11 km südlich des Visitor Center am 1832 erbauten *Leuchtturm*, dem markanten Wahrzeichen des Parks.

Von der nebenan gelegenen *Aussichtsplattform* kann man das Marschland überblicken, gegenüber bietet der ca. 500 m lange *Levee Trail* ebenfalls gute Möglichkeiten zur Vogelbeobachtung.

i Praktische Hinweise

Hotel
***Wakulla Springs Lodge**, 550 Wakulla Park Drive, Wakulla Springs, Tel. 850/421 20 00, www.wakullaspringslodge.com. Vom Eisenbahnmagnaten Edward Ball 1937 erbaute Lodge im spanisch inspirierten Stil mit 27 Zimmern, attraktiver Lobby und Restaurant.

42 St. George Island

 TOP TIPP *Seliges Inselleben: Sommersonne und sandige Strände.*

Zuckerweiße, einsame Sandstrände erstrecken sich entlang der 47 km langen Nehrungsinsel, die an keiner Stelle breiter als 1,5 km ist. *Strandwandern, Muschelsammeln* und *Schwimmen* in der sachten Brandung sind hier die bevorzugten Beschäftigungen. Stetig treibt die warme Brise vom Golf die feinen Sandkörnchen der hohen Dünen in Richtung Inland. Im Mittelteil der Insel werden die Holzstege

42 St. George Island

Ein Paradies für Strandwanderer sind die Strände der St. Joseph Peninsula

zu den Aussichtsplattformen gelegentlich vom Sand ›überschwemmt‹.

Die Zufahrt auf die Insel über die für ihren Austernreichtum bekannte **Apalachicola Bay** führt über eine Dammstraße direkt zum markanten, 23 m hohen *St. George Lighthouse* (2 East Gulf Beach Drive, Tel. 850/927 77 45, www.stgeorgelight.org). Besonders im Frühjahr und im Herbst zeigen sich Zugvögel an den Frischwassertümpeln, Stränden, Salzmarschen und Wiesen der Insel. Die Hauptstraße endet nach 6 km im **St. George Island State Park** (1900 East Gulf Beach Drive, Tel. 850/927 21 11, www.floridastateparks.org/stgeorgeisland, tgl. 8 Uhr bis Sonnenuntergang). Feine *Sandstrände* im Naturschutzgebiet, das warme Wasser und die leichte Brandung laden zum Sonnenbaden und Schwimmen ein. Strandwege führen bis an die Inselspitze.

Praktische Hinweise

Information
St. George Island Visitor Center (beim Leuchtturm), 2 A East Gulf Beach Drive, Tel. 850/927 77 44, www.seestgeorgeisland.com

Hotel
***St. George Inn**, 135 Franklin Boulevard, St. George Island, Tel. 850/927 29 03, www.stgeorgeinn.com. Charmantes kleines Hotel mit zwei umlaufenden Veranden in der Nähe des Leuchtturms.

43 St. Joseph Peninsula

Rastplatz der Rastlosen: Wo man abzuschalten lernt.

Wie ein Arm legt sich die lange, rechtwinklig abgeknickte Halbinsel von Süden und Westen her um die St. Joseph Bay und schützt den dortigen Fischerhafen *Port St. Joe* vor dem Golf von Mexiko. Die knapp 30 km lange, aber nur 1 km breite St. Joseph Peninsula erweist sich als landschaftliches Kleinod mit eindrucksvollem Küstenstreifen. Auf der **Westseite** der Halbinsel nagen Wind und Wellen an den Stränden, aus dem Sand ragen einige Baumstümpfe hervor und erinnern an die Kraft der Erosion. So ist die abgelegene Golfküste ein einsames Paradies für

44 Panama City Beach

Strandwanderer und Muschelsammler. Gleichzeitig ist die Halbinsel ein ideales Revier für **Ornithologen**. Eine Vielzahl von Vögeln nistet den Sommer über an ihren Ufern, *Zugvögel* nutzen sie als Zwischenstation auf ihren Routen von Süd- nach Nordamerika. Im Herbst überqueren täglich Hunderte von *Habichten* die St. Joseph Peninsula. Die besten Beobachtungspunkte liegen am **Eagle Harbor** und an der Spitze der Halbinsel. Die Straße endet im **St. Joseph Peninsula State Park** (Tel. 850/227 13 27, www.floridastateparks.org/stjoseph, tgl. 8 Uhr bis Sonnenuntergang), der die Nordhälfte der Halbinsel einnimmt. Seine 15 km langen Sandstrände am Golf gehören zu den besten Floridas. Vom Parkeingang geht es nur zu Fuß durch Dünen und Marschen. 11 km weit führt der *Wanderpfad* bis zur Spitze der St. Joseph Peninsula.

ℹ Praktische Hinweise

Unterkunft

St. Joseph Peninsula State Park, 8899 Cape San Blas Road, Port St. Joe, Tel. 800/326 35 21, www.reserveamerica.com. Campingplatz und sieben Blockhütten am Parkeingang.

44 Panama City Beach

Von der Sonne umschmeichelt, von den Menschen geliebt.

Die Besucher der weißen *Strände* am smaragdgrünen Wasser des Golfs von Panama City Beach erleben jede Menge Rummel und Entertainment sowie Shopping in gehobenem Ambiente im populärsten Urlaubsort an der Nordwestküste. Während des **Spring Breaks** im März und April ist die Stadt fest in der Hand von Studenten, sonst ist der Ort mit seinen Vergnügungs- und Wasserparks auch Ziel vieler Familien. Mit Bootsverleihern, Minigolfanlagen und Gokart-Bahnen erstreckt sich der Ort hauptsächlich entlang des 25 km langen Strandes. Angler sitzen auf der 480 m langen **Russel-Fields Pier** oder fahren mit Charterbooten aufs offene Meer. Auch *Tauchausflüge* zu den durch Schiffswracks gebildeten künstlichen Riffen vor der Küste sind beliebt. Anziehungspunkte für Groß und Klein sind außerdem der moderne **Pier Park** (600 Pier Park Drive, Tel. 850/236 99 74, www.simon.com, Mo-Sa 10-21, So 12-18 Uhr), ein Shopping- und Entertainmentkomplex, sowie **Ripley's Believe It or Not! Odditorium**

44 Panama City Beach

Während Fort Walton Beach bekannt ist für seinen gediegenen Jachthafen ...

(9907 Front Beach Road, Tel. 850/230 61 13, www.ripleys.com/panamacitybeach, So–Do 9–20, Fr, Sa 9–22 Uhr). Das Kuriositätenmuseum in einem weithin sichtbaren ›sinkenden‹ Schiff zeigt Außergewöhnliches aus aller Welt, von Schrumpfköpfen bis hin zu Fahrzeugen aus Goldmünzen.

Die Chronik des Tauchens beschreibt das **Man in the Sea Museum** (17314 Panama City Beach Parkway, Tel. 850/235 41 01, www.maninthesea.org, Mi–Sa 10–17 Uhr). Dioramen, Modelle und interessante Exponate wie Taucherausrüstungen von gestern und heute dokumentieren die Erforschung der Unterwasserwelt.

An der östlichen Spitze von Panama City Beach bietet der **St. Andrews State Park** (4607 State Park Lane, Tel. 850/233 51 40, www.floridastateparks.org/standrews, tgl. 8 Uhr bis Sonnenuntergang) flaches klares Wasser und einen der attraktivsten Strände der gesamten Küste. Auf dem via Thomas Drive erreichbaren Festlandsteil des Areals laden *Naturpfade* und das *Environmental Interpretative Center* (tgl. 9–17 Uhr) zur Erforschung von Marschen und Wäldern ein. Nur per kurzer *Bootsfahrt* (Tel. 850/233 05 04, www.shellislandshuttle.com, tgl. 9–17 Uhr alle 30 Min.) zugänglich ist der Parkteil auf der wunderbar zum Sonnenbaden geeigneten Nehrungsinsel *Shell Island*.

Praktische Hinweise

Information
Panama City Beach Visitors Information Center, 17001 Panama City Beach Parkway, Panama City Beach, Tel. 850/233 50 70, 800/722 32 24, www.visitpanamacitybeach.com

Hotel
***Edgewater Beach and Golf Resort**, 11212 Front Beach Road, Panama City Beach, Tel. 850/235 40 44, 855/874 86 86, www.edgewaterbeachresort.com. Komfortabler Komplex aus drei Hochhäusern direkt am breiten Sandstrand sowie zahlreichen Ferienhäusern landeinwärts.

Restaurant
Boar's Head Restaurant and Tavern, 17290 Front Beach Road, Panama City

45 Fort Walton Beach

...tobt in Panama City Beach das Partyleben

Beach, Tel. 850/234 66 28, www.boarsheadrestaurant.com. Seafood, Prime Ribs und Steaks in elegant-legerem Ambiente, sehr gute Weinkarte.

45 Fort Walton Beach

Ideal für einen Badeurlaub: Floridas smaragdgrüne Küste.

Mit dem östlich gelegenen *Destin* ist Fort Walton Beach aus zwei kleinen Fischerdörfern zum populären Touristenziel an der **Emerald Coast**, der ›smaragdgrünen Küste‹, zusammengewachsen. Von der geschwungenen Destin Bridge hat man einen herrlichen Blick auf den Jachthafen, auf dessen blaugrünem Wasser Segeljachten schaukeln.

Die größten Attraktionen sind jedoch die dünengesäumten *Sandstrände* der zwischen den beiden Orten gelegenen Nehrungsinsel **Okaloosa Island**. Sonnenbaden und Strandwandern gehören zu den beliebtesten Aktivitäten, ebenso Surfen, Parasailen, Jet- oder Wasserski fahren. Zudem fahren Charterboote zum *Hochseeangeln* oder zu *Tauchexkursionen* aufs Meer hinaus. Auf Okaloosa Island ragt die 384 m lange *Fishing Pier* ins Meer. Nebenan zeigt **Florida's Gulfarium** (1010 Miracle Strip Parkway SE, Tel. 850/243 90 46, www.gulfarium.com, tgl. 9–16.30 Uhr) Haie, Rochen, Meeresschildkröten und Alligatoren sowie mehrmals täglich Delfin- und Seelöwenshows.

Anfang Juni findet das dreitägige **Billy Bowlegs Pirate Festival** (www.billybowlegspiratefestival.com) statt. Es beginnt am ersten Freitag des Monats mit einem Feuerwerk. Als Höhepunkt folgt am Samstag die Anlandung kostümierter Piraten auf farbenprächtigen Schiffen.

Ausflüge

Vor dem Haupttor der *Eglin Air Force Base*, einem der größten US-Luftwaffenstützpunkte, befindet sich das **Air Force Armament Museum** (100 Museum Drive (SR 85), Tel. 850/65118 08, www.afarmamentmuseum.com, Mo–Sa 9.30–16.30 Uhr) mit mehr als 25 Militärflugzeugen, darunter u.a. auch eine SR-71 Blackbird,

45 Fort Walton Beach

eine russische MiG-21 sowie eine amerikanische B-52.

Am Rocky Bayou, einem Ausläufer der Choctawhatchee Bay, 20 km nördlich von Destin, lohnt der abwechslungsreiche **Fred Gannon Rocky Bayou State Park** (4281 Highway 20, Niceville, Tel. 850/8339144, www.floridastateparks.org/rockybayou, tgl. 8 Uhr bis Sonnenuntergang) einen Besuch. Auf drei Wanderungen von jeweils rund 1,5 km Länge kann man die Vielfalt der Vegetation hervorragend kennenlernen. Der *Rocky Bayou Trail* folgt dem Salzwassersee an der Bucht, vorbei an dicken, grünen Moospolstern. Der *Sand Pine Trail* zieht sich durch Kiefernwald am schmalen langen *Puddin Head Lake* entlang, an dem Biber zu beobachten sind, während der *Red Cedar Trail* einen Rotzedernwald durchquert.

Östlich von Destin führen Highway 98 und CR 30 A südwärts zum **Grayton Beach State Park** (357 Main Park Road, Santa Rosa Beach, Tel. 850/2678300, www.floridastateparks.org/graytonbeach, tgl. 8 Uhr bis Sonnenuntergang) mit ausgezeichnetem Sandstrand. Vom Parkplatz am Ende der Parkstraße durchquert ein kurzer *Rundwanderweg* Salzmarschen und Sanddünen. Besonders gut ist hier der stabilisierende Effekt der wind-, salz- und sandresistenten Bäume, Sträucher und kleinen Pflanzen auf die wandernden Dünen zu erkennen.

3 km weiter auf der CR 30 A gelangt man nach **Seaside** (Tel. 850/2315424, www.seasidefl.com). Die 1981 etablierte, architektonisch harmonisch gestaltete ›Musterstadt‹ ist eine Wohn- und Ferienkolonie. Ihre mehr als 300 pastellfarbenen, neoviktorianischen Wohnhäuser mit ihren Veranden und weiß getünchten Gartenzäunen sowie die ziegelsteingepflasterten kleinen Straßen waren Drehort des erfolgreichen Films *The Truman Show* mit Jim Carrey von 1998. Die weiten ruhigen Sandstrände und bunten Märkte haben Seaside zu einem populären Winterziel der ›Snowbirds‹, der schneemüden Menschen aus den nördlichen US-Bundesstaaten, aber auch internationaler Touristen werden lassen.

ℹ️ Praktische Hinweise

Information
Emerald Coast Convention & Visitors Bureau, 1540 Miracle Strip Parkway, Fort Walton Beach, Tel. 850/6517131, 800/3223319, www.emeraldcoastfl.com

Hotels
******Emerald Grande**, 10 Harbor Boulevard, Destin, Tel. 850/3378100, 800/6760091, www.emeraldgrande.com. Attraktives Grandhotel am Ostende der Destin Bridge, mit Marina.

Seaside Cottage Rental Agency, Seaside, Tel. 866/9662565, www.cottagerentalagency.com. Ferienhausagentur für Seaside.

46 Gulf Islands National Seashore

Quarzsandstrände weiß wie Puderzucker und pudrig wie Schnee.

Als vorgelagerte Barrieren schützen die beiden lang gestreckten Nehrungsinseln

46 Gulf Islands National Seashore

Zuckerweißer Strand und türkises Meer – Urlaub wie aus dem Bilderbuch

Perdido Key, die einige der schönsten und am wenigsten erschlossenen Strände Floridas besitzt, und *Santa Rosa Island* das Festland vor der Erosion durch Sturm und Fluten. Sie gehören zur Inselkette der Gulf Islands National Seashore, die im Westen bis in den Bundesstaat Mississippi hineinreicht und für ihre artenreiche Pflanzenwelt sowie großen Vogelreichtum bekannt ist. Die schmalen Inseln bilden ein Paradies zum Sonnenbaden oder Schwimmen – entweder in der sanften Brandung des klaren, blauen Meerwassers auf der Golfseite oder im vom Süßwasser der Flüsse gespeisten, weniger salzhaltigen Wasser auf der Buchtseite.

Südlich von Pensacola auf Santa Rosa Island liegt der Ferienort **Pensacola Beach** mit einer touristischen Infrastruktur aus Motels, Restaurants und Geschäften. Charterboote starten zu *Angeltouren* auf das Meer, zu den populärsten *Wassersportarten* gehören Tauchen, Schnorcheln oder Angeln auf der mit knapp 450 m längsten Pier (www.fishpensacolabeachpier.com) an der Golfküste.

TOP TIPP Östlich von Pensacola Beach erreicht man die **Santa Rosa Area** der Gulf Islands National Seashore. Bis Navarre Beach sind ihre kilometerlangen schönen weißen Sandstrände entlang der Küstenstraße No. 399 völlig unerschlossen. Seit Jahrhunderten schon trotzen die von filigranem Seehafer bewachsenen Sanddünen den Naturgewalten. Strandwandern zählt hier zu den beliebtesten Aktivitäten, vom Parkplatz aus kann man in jeder Richtung etwas mehr als 6 km laufen.

46 Gulf Islands National Seashore

Kühne Himmelsstürmer – Skyhawks im Atrium des National Naval Aviation Museum

Die Zufahrt nach **Fort Pickens**, westlich von Pensacola Beach an der Westspitze Santa Rosa Islands, erfolgt über eine schmale Landzunge mit Badestränden. Die 1829–34 erbaute fünfeckige Festung sollte Pensacolas Hafeneingang schützen. Im Amerikanischen Bürgerkrieg 1861–65 blieb sie in Unionshand, obwohl Florida sich den Südstaaten angeschlossen hatte. Im Jahr 1887 war hier der berühmte Apachenhäuptling *Geronimo* eingekerkert. Fort Pickens Stellungen waren bis 1947 besetzt, heute kann man das Fort Pickens Museum besuchen (1400 Fort Pickens Rd., Tel. 850/934 26 35, tgl. 9–17 Uhr).

ℹ Praktische Hinweise

Information
Gulf Islands National Seashore Visitor Center, 1801 Gulf Breeze Parkway, Highway 98 östlich von Gulf Breeze, Tel. 850/934 26 00, www.nps.gov/guis

47 Pensacola

Hält die Stellung: die größte Stadt im äußersten Nordwesten Floridas.

Geschützt in einer Bucht, an die Pensacola Bay geschmiegt und durch die lange Nehrungsinsel Santa Rosa Island vom Golf von Mexiko getrennt, liegt der Seehafen Pensacola. Bereits 1698 war die erste permanente, spanische Siedlung *Presidio Santa Maria de Galve* mit dem *Fort San Carlos de Austria* neben dem heutigen Fort Barrancas entstanden. Im Laufe der folgenden Jahrhunderte wehten nacheinander fünf Flaggen über der Stadt: Spaniens, Frankreichs, Großbritanniens, der USA und im Amerikanischen Bürgerkrieg kurzfristig auch die der rebellierenden Südstaaten. 1814 und 1818 eroberte die US-Armee unter *Andrew Jackson* den unter spanischer Verwaltung stehenden Ort. Die formelle Übergabe Floridas an die USA erfolgte 1821 auf der Plaza Ferdinand VII. im heutigen *Palafox Historic District*, seinerzeit das Herz der Stadt.

47 Pensacola

Seit 1914 beherbergt Pensacola an seinem Südwestrand eine Marineflugakademie. Die große **Naval Air Station Pensacola** (Navy Boulevard) wird als ›Wiege der Marinefliegerei‹ bezeichnet. Sie ist auch Heimat des Präzisionsflugteams *Blue Angels* (www.blueangels.navy.mil), das von März–Nov. Di und Mi um 11.30 Uhr mit Düsenjägern zu Übungsflügen startet (Aussichtsplattform hinter dem Museum), und des **National Naval Aviation Museum** (1750 Radford Boulevard, Tel. 850/452 36 04, www.navalaviationmuseum.org, tgl. 9–17 Uhr) zur Geschichte der amerikanischen Marinefliegerei. Die Sammlung von über 150 Flugzeugen macht es zu einem der größten Luftfahrtmuseen weltweit, ein Trolley umrundet die 50 auf dem Freigelände hinter dem *Restoration Hangar* ausgestellten Flugzeuge. Zu den Ausstellungsstücken gehören auch ein Flugzeugträgerdeck aus dem Zweiten Weltkrieg und das NC-4 Flying Boat, das erste Flugzeug überhaupt, das 1919 – wenn auch mit vielen Stopps – noch vor Lindberghs berühmtem Flug den Atlantik überquerte. Im gläsernen *Atrium* demonstrieren vier A-4 Skyhawks eine schnittige Flugformation der Blue Angels. Cockpit-Simulatoren, Modelle und Fotos vervollständigen die Ausstellungen. Eine Attraktion ist auch das hauseigene *IMAX-Kino* (tgl. 10–16 Uhr, jeweils zur vollen Std.).

Auf dem Gelände der Naval Air Station an der Pensacola Bay liegt das von einem Trockengraben umgebene, nur über eine Zugbrücke zugängliche **Fort Barrancas** (3182 Taylor Rd., Tel. 850/455 51 67, März–Okt. tgl. 9.30–16.45, Nov.–Febr. tgl. 8.30–15.45 Uhr). Die von den Spaniern im Jahr 1698 zunächst als Holzfort zum Schutz des Hafens errichtete Anlage wurde 1839 zur heutigen dreieckigen Backsteinfestung ausgebaut. Sie blickt auf das gegenüber an der Spitze einer sandigen Landzunge liegende Fort Pickens [s. S. 120]. General Andrew Jacksons US-Truppen besetzten Fort Barrancas 1814 und 1818, konföderierte Bürgerkriegssoldaten eroberten es 1861/62 kurzfristig von den Nordstaaten.

Im historischen Stadtkern, dem *Pensacola Historic District*, befinden sich die 27 Häuser (11 dürfen besichtigt werden) des **Historic Pensacola Village** (Tel. 850/595 59 93, www.historicpensacola.org, Di–Sa 10–16 Uhr), u. a. das französisch-kreolische *Lavalle House* (205 East Church

An die früheste Siedlervergangenheit Pensacolas erinnern die Häuser im Historic Village

121

47 Pensacola

Im Lavalle House im Historic Pensacola Village fühlt man sich in eine andere Zeit versetzt

Street) von 1805, das neoklassizistische *Dorr House* (311 South Adams Street) von 1871, das vollständig mit Einrichtungsgegenständen aus der Zeit von 1850–90 ausgestattet ist, und das *Julee Cottage* (210 East Zaragoza Street) von 1805. Hier lebte Julee Panton, eine freie afroamerikanische Frau – und damit eine absolute Ausnahmeerscheinung im Sklavenhalterstaat Florida. Im *Museum of Commerce* (201 East Zaragoza Street) ist ein Straßenzug im Stil des frühen 20. Jh. errichtet worden, komplett mit Druckerei, Tankstelle und Straßenbahn.

Anfang Juni wird um den *Seville Square* und in der gesamten Stadt die **Fiesta of Five Flags** (www.fiestaoffiveflags.org, s. S. 131) gefeiert. Höhepunkt ist dabei der Straßenumzug. Die Feier erinnert an die Landung *Don Tristan de Lunas,* der 1559 die Siedlung *Panzacola* gegründet hatte. Benannt ist das Festival nach den fünf Flaggen, die im Laufe der Jahrhunderte über der Siedlung wehten. Auf die spanische folgten die französische, die britische, die konföderierte und schließlich die US-amerikanische.

Populärer Treffpunkt am Westrand des *Historic District* ist der Entertainment- und Restaurantkomplex *Seville Quarter* (130 East Government Street, Tel. 850/ 434 62 11, www.sevillequarter.com, Mo–Sa 7–3, So 11–3 Uhr). Er beherbergt u. a. ›Rosie O'Grady's‹, einen Saloon im Stil des späten 19. Jh., ›Lili Marlene's‹, eine Bar im Fliegerdekor, und ›Phineas Phogg's‹, eine Diskothek auf zwei Ebenen.

i Praktische Hinweise

Information
Pensacola Bay Area Visitors Bureau, 1401 East Gregory Street, Pensacola, Tel. 850/434 12 34, 800/874 12 34, www.visit pensacola.com

Hotel
****Eden Condominiums, 16281 Perdido Key Drive, Perdido Key, Tel. 850/492 33 36, 800/523 81 41, www.edencondominiums.com. Ferienwohnungen mit tollem Panorama am lang gestreckten Sandstrand. Tropischer Garten mit Wasserfällen und Pools.

Restaurant
McGuire's Irish Pub, 600 East Gregory Street, Pensacola, Tel. 850/433 67 89,

48 Blackwater River State Forest

www.mcguiresirishpub.com. Steaks, Fischgerichte und irische Spezialitäten stehen auf der Speisekarte des Pubs, dazu gibt es hausgebrautes Bier.

48 Blackwater River State Forest

Kanufahren und Tubing: spritziger Spaß auf dem Wasser.

Im dünn besiedelten Nordwestflorida erstreckt sich bis zur Staatsgrenze Alabamas ein von Kiefernwald bedecktes Hügelland mit Anhöhen bis knapp 90 m, hier befindet sich der *Blackwater River State Forest* (11650 Munson Hwy, Milton, Tel. 850/957 61 40, www.freshfromflorida.com). Das aus den hiesigen Sümpfen kommende Tannin (Gallusgerbsäure) färbt das klare Wasser der quellgespeisten Flüsse dunkelbraun und gibt ihnen ein geheimnisvolles Gepräge.

TOP TIPP Der beliebteste Fluss für Kanufahrten ist der **Coldwater Creek**. Auf geruhsamen Touren stromabwärts, mit einer Dauer von zwei Stunden bis zu drei Tagen, begegnet man *Schildkröten* und *Waschbären* an den dicht bewachsenen Ufern, zwischendurch kann man nach Belieben zum Picknick auf den weißen Sandbänken und zum Baden im flachen, bis 24 °C warmen Fluss eine Pause einlegen. Die an Sommerwochenenden sehr populären kürzeren Touren enden bei *Tomahawk Landing* am Zusammenfluss von Wolfe Creek und Coldwater Creek. Alternativ dazu bieten sich Tages- oder Mehrtagestouren mit Übernachtung am Ufer des *Blackwater River* (der etwas breiter als Coldwater Creek ist) an.

i Praktische Hinweise

Unterkunft

**Adventures Unlimited, 8974 Tomahawk Landing Road, Milton, Tel. 850/623 61 97, www.adventuresunlimited.com. Klimatisierte Blockhütten, Zipline, sowie Kanuverleih und -touren.

Gemächlich fließen die Flüsse im Blackwater River State Forest dahin

Nur das Beste für die schönste Zeit im Jahr!

www.adac.de/shop

Florida aktuell A bis Z

Vor Reiseantritt

ADAC Info Service
Tel. 0800/510 11 12 (gebührenfrei)
Unter dieser Telefonnummer oder bei
den ADAC Geschäftsstellen können
ADAC Mitglieder kostenloses Informa-
tions- und Kartenmaterial anfordern.

ADAC im Internet
www.adac.de
www.adac.de/reisefuehrer

Florida im Internet
www.visitflorida.com

Informationen zu einzelnen Regionen:
The Beaches of Fort Myers & Sanibel
www.fortmyers-sanibel.com/german

Palm Beach County
www.palmbeachfl.com/german

Visit Orlando
www.visitorlando.com/de

The Florida Keys & Key West
www.fla-keys.de

Allgemeine deutschsprachige Florida-
Informationen unter Tel. 0180/531 13 01
(14 Cent/Min. aus dem Festnetz, max.
0,42 Euro aus den Mobilfunknetzen)

Für Broschürenversand:
Visit Florida Versandhaus
Denkzauber GmbH, Neustadt 13,
47809 Krefeld, Tel. 021 51/512 46 69

Allgemeine Informationen

Reisedokumente

Für einen Aufenthalt bis zu 90 Tagen benötigt jeder Reisende einen maschinen-
lesbaren bordeauxroten **Reisepass**, der
mindestens für die Dauer des Aufenthal-
tes gültig ist. Reisepässe, die zwischen
dem 26.10.2005 und dem 25.10.2006
ausgestellt wurden, müssen ein digitales
Lichtbild enthalten. Ab dem 26.10.2006
ausgestellte Reisepässe müssen über biometrische Daten in Chipform verfügen
(biometrische Pässe). Deutsche **Kinder-
reisepässe**, die vor dem 26.10.2006 ausgestellt wurden, können für die visumfreie Einreise nach wie vor genutzt werden. Kinder, deren Kinderreisepass jünger
ist, die nur im Reisepass ihrer Eltern eingetragen sind oder nur einen Kinderaus-
weis haben, benötigen für die visumfreie
Einreise einen neuen regulären Reisepass.

Zur Einreise benötigt werden zudem ein
Rückreise- oder weiterführendes Ticket
sowie das **Zollformular**, das man an Bord
erhält. Außerdem müssen sich Reisende
spätestens 72 Stunden vor Abflug online
über ESTA (https://esta.cbp.dhs.gov/es
ta) registrieren. Hier sind Angaben zur
Person und eine Aufenthaltsadresse in
den USA anzugeben. Die **Registrierung**
kostet 14 $ (Zahlung nur mit Kreditkarte)
und ist zwei Jahre gültig. Verfügt man
über kein Rückflugticket oder möchte

sich länger als drei Monate in den USA
aufhalten, wird ein **Visum** benötigt. Abstecher nach Kanada und Mexiko sind
visumfrei möglich.

Von allen Reisenden, auch den nicht vi-
sumpflichtigen, wird bei Einreise (bei Umsteigeverbindungen am Ankunftsflughafen) ein digitaler **Abdruck der Finger** und
ein digitales **Porträtfoto** gefertigt.

Kfz-Papiere

Bis zu einem Jahr Aufenthalt genügt der
nationale Führerschein, Besitzer alter rosafarbener Führerscheine sollten zusätzlich
einen Internationalen Führerschein mitbringen.

Krankenversicherung

Es ist unbedingt ratsam, eine Auslands-
krankenversicherung abzuschließen. Vor
Ort anfallende Behandlungskosten (mit
Kreditkarte zu begleichen) werden dann
zu Hause gegen Beleg erstattet.

Zollbestimmungen

In die USA kann man pro Person zollfrei
Geschenke im Wert von 100 $ sowie 200
Zigaretten, 50 Zigarren oder 1 l alkoholische Getränke einführen. Die Einfuhr von
frischen Lebensmitteln, Pflanzen, Waffen
und pornografischem Material ist verboten. Auf dem **Rückflug** nach Europa liegen die Zollfreigrenzen pro Person ab 17

Allgemeine Informationen

Jahren bei einem Warenwert von 430 €, darunter 200 Zigaretten oder 100 Zigarillos oder 50 Zigarren oder 250 g Tabak, 1 l Spirituosen über 22 % oder 2 l unter 22 % Alkohol.

Geld

Die nationale Währung ist der *US-Dollar* ($, USD), unterteilt in 100 Cents (c). Es gibt Geldscheine zu 1, 5, 10, 20, 50 und 100 $ sowie Münzen zu 1 Cent (*Penny*), 5 c (*Nickel*), 10 c (*Dime*) und 25 c (*Quarter*).

In den USA ist die Zahlung mit den gängigen **Kreditkarten** (Mastercard, VISA, AmEx) Standard. Sie werden von allen Hotels, den meisten Restaurants, Geschäften und Tankstellen angenommen, von Autovermietern sogar verlangt. Telefonische Reservierungen von Eintrittskarten, Fährtickets, Hotelzimmern u. ä. sind nur unter Angabe der Kreditkartennummer möglich. Auch **Maestro-Karten** (EC-Karten) können zur Bargeldabhebung benutzt werden. Als praktische Reserve kann man mit auf US-$ ausgestellten **Reiseschecks** in den USA wie mit Bargeld bezahlen.

Service und Notruf

Notruf
Tel./Mobil: 911 (Polizei, Unfallrettung, Feuerwehr)

Operator/Telefonvermittlung
Tel. 0 (Auskunft, auch Hilfe im Notfall)

ADAC Info Service
Tel. 0800 5 10 11 12
(Mo–Sa 8–20 Uhr)

ADAC Pannenhilfe Deutschland
Tel. 0 180/22 22 22 2
(dt. Festnetz 6 ct/Anruf;
dt. Mobilfunk max. 42 ct/Min.),
Mobil-Kurzwahl: 22 22 22
(Verbindungskosten je nach
Netzbetreiber/Provider)

ADAC Notruf aus dem Ausland
Tel. +49/89/22 22 22

AAA Pannenhilfe: Tel. 1 800/222 43 57

ADAC Notrufstation USA/Kanada
Tel. 1 888/222 13 73 (deutschsprachig)

ADAC Ambulanzdienst München
Tel. +49/89/76 76 76

ÖAMTC Schutzbrief Nothilfe
Tel. +43/1/251 20 00, www.oeamtc.at

Einsatzzentrale TCS-ETI-Schutzbrief
Tel. +41/58/827 22 20, www.tcs.ch

Mit Geldscheinen bis max. 20 $ und Münzen für die vielen Automaten kommt man unterwegs gut zurecht. Abends geben kleine Geschäfte auf Scheine über 20 $ manchmal kein Wechselgeld heraus.

Tourismusämter im Land

Tourismusbüros und *Visitor Centers* der einzelnen Orte sind unter den **Praktischen Hinweisen** im Reiseteil aufgeführt.

Automobilclubs

Beim ADAC Partnerclub **AAA** (*American Automobile Association*, www.aaa.com), kurz ›Triple A‹ genannt, bekommen ADAC Mitglieder gegen Vorlage ihres Mitgliedsausweises kostenlos eine Landkarte von Florida (*State map*), Stadtpläne aller Städte (*City maps*) sowie ein Tour Book mit ausführlichem Restaurant- und Hotelverzeichnis im Anhang. AAA-Büros (Mo–Fr 8.30–17.30 Uhr) sind in allen größeren Städten Floridas vertreten. Zentrale Adressen sind:

AAA South Miami, 6643 South Dixie Highway, Miami, Tel. 305/661 61 31

AAA Tallahassee, 3491 Thomasville Road, Suite 26, Tallahassee, Tel. 850/907 10 00

AAA Winter Park/Orlando, 783 South Orlando Avenue, Winter Park, Tel. 407/647 10 33

Diplomatische Vertretungen

Deutschland
Botschaft der USA, Konsularabteilung, Clayallee 170, 14191 Berlin, Visa-Info: Tel. 032/221 09 32 43, www.usembassy.de

Österreich
Botschaft der USA, Konsularabteilung, Parkring 12 a, 1010 Wien, Visa-Info: 07 20 11 60 00, www.usembassy.at

Schweiz
Botschaft der USA, Sulgeneckstr. 19, 3007 Bern, Tel. 0 31/3 57 70 11, Visumauskunftsdienst: Tel. 031/580 00 33, http://bern.usembassy.gov

Konsulate in den USA
Deutsches Generalkonsulat/German Consulate, 100 North Biscayne Blvd., Suite 2200, Miami, FL 33132, Tel. 305/358 02 90, www.germany.info

Österreichisches Generalkonsulat/Austrian Consulate, 2445 Hollywood Blvd.,

Hollywood, FL 33022, Tel. 954/925 11 00, www.austrianconsulatemiami.com

Schweizer Konsulat/Swiss Consulate, Panalpina Inc., 703 Waterford Way, Suite 890, Miami, FL 33126, Tel. 305/894 13 00, www.eda.admin.ch

Besondere Verkehrsbestimmungen

In Florida gelten strikte **Tempolimits**, im Allgemeinen max. 70 Meilen pro Stunde (*miles per hour*, mph) = 113 km/h auf den Überlandautobahnen (*Interstates*), 65 mph (105 km/h) auf vierspurigen Überlandstraßen, 60 mph (97 km/h) auf Landstraßen, 25–30 mph (40–48 km/h) innerorts, 15 mph (24 km/h) vor Schulen.

An **Straßen** unterscheidet man Autobahnnen (*Interstates*, I), überregionale Bundesstraßen (*US Highways*, US), Staatsstraßen (*State Routes*, SR) und Landstraßen (*County Roads*, CR).

Autobahnausfahrten können auch von der linken Fahrspur abzweigen, zudem ist das **Überholen** auf der rechten Seite erlaubt. **Ampeln** hängen entweder mittig über der Kreuzung oder stehen erst am Straßenrand dahinter. Sie wechseln von Rot auf Grün ohne die Signalfarbe Gelb. Wenn es der Verkehr erlaubt, darf man bei Rot nach kurzem Stopp rechts abbiegen, es sei denn, der Hinweis *No turn on red* verbietet dies. Bei **Stoppschildern** mit dem Zusatz *4-Way-Stop* müssen Verkehrsteilnehmer aller Richtungen kurz anhalten, bevor sie dann der Reihenfolge ihrer Ankunft nach weiterfahren.

An Bushaltestellen und Hydranten gilt absolutes **Parkverbot**, ebenso an rot markierten Bordsteinen. Bei andersfarbig markierten Bordsteinen gelten Halte- bzw. Parkverbote von regional unterschiedlicher Dauer. In *Tow-away-Zones* wird jedes geparkte Fahrzeug abgeschleppt.

Schulbusse mit seitlich ausgefahrenem Stoppschild und Warnblinker dürfen in keiner Fahrtrichtung passiert werden.

Alkoholische Getränke müssen im Kofferraum verstaut werden. Prinzipiell ist es verboten, unter Alkoholeinfluss ein Fahrzeug zu führen (DUI, *driving under the influence*). Es gibt aber einen Grenzwert von 0,8 Promille. Aufgrund der rigorosen Anwendung von Alkoholtests und Blutproben ist von der Verbindung Alkohol und Autofahren aber dringend abzuraten.

Im Falle einer **Polizeikontrolle** bleibt man im Auto sitzen! Man öffnet das Wagenfenster, lässt die Hände sichtbar am Lenkrad und wartet auf die Anweisungen des Polizeibeamten.

Sicherheit

Touristen sehen zumeist nur die relativ sichere und gut bewachte Sonnenseite Floridas, Strände, Shopping Center, Vergnügungs- und Nationalparks. Dort ist das Risiko, Opfer von Straftaten zu werden, erheblich geringer als in den sozialen Brennpunkten einiger Städte wie Liberty City in Miami. Typisch für die USA ist, dass der Charakter großstädtischer Straßenzüge sich häufig innerhalb weniger Häuserzeilen ändert, da sichere Wohngebiete direkt an heruntergekommene Viertel grenzen. Solche verslumten Stadtteile sowie einsame Parks sollte man meiden, möglichst tagsüber auf Hotelsuche gehen und abends nur an belebten, gut beleuchteten Orten nach dem Weg fragen.

Gesundheit

Rezeptpflichtige Arzneien gibt es in *Pharmacies*, die sich in der Regel in großen Supermärkten oder Drugstores befinden. Wichtige persönliche **Medikamente** sollte man in ausreichender Menge mitnehmen, da europäische Produkte in den USA unter Umständen nicht in gleicher Rezeptur oder Dosierung erhältlich sind.

Stromspannung

Das Stromnetz der USA arbeitet mit **110 Volt**. Europäische Elektrogeräte brauchen Spannungsumschalter von 220 auf 110 Volt und Adapter für US-Steckdosen.

Maße und Gewichte

1 inch (in.) = 2,54 cm
1 foot (ft.) = 12 in. = 30,48 cm
1 yard (yd.) = 3 ft. = 91,44 cm
1 mile (mi.) = 1760 yd. = 1,609 km
1 fluid ounce (fl.oz.) = 29,57 ml
1 pint (pt.) = 16 fl.oz. = 0,47 l
1 quart (qt.) = 2 pt. = 0,95 l
1 gallon (gal.) = 4 qt. = 3,79 l
1 ounce (oz.) = 28,35 g
1 pound (lb.) = 16 oz. = 453,59 g

Zeit und Datum

In Florida gilt größtenteils die **Eastern Standard Time (EST)**, die 6 Std. hinter der Mitteleuropäischen Zeit (MEZ) liegt. Nur der Westteil Floridas ab der St. Joseph Peninsula liegt in der Zeitzone der **Central Standard Time** (CST, MEZ minus 7 Std.). Vom zweiten Sonntag im März bis zum ersten Sonntag im November wird auf Sommerzeit (*Daylight saving time*, DST) umgestellt.

Uhrzeiten werden von 1 bis 12 angegeben, der Zusatz a.m. (ante meridiem) steht für vormittag (0–12 Uhr), p.m. (post meridiem) für die zweite Tageshälfte (12–24 Uhr). Beim **Datum** wird erst der Monat, dann der Tag und schließlich das Jahr angegeben, z.B. 8/6/15 steht für 6. 8. 2015.

■ Anreise

Die Internationalen Airports von **Miami** (MIA, Tel. 305/876 70 00, www.miami-airport.com) und **Orlando** (MCO, Tel. 407/825 23 52, www.orlandoairports.net) zählen zu den weltgrößten Flughäfen. Transatlantische Charterflüge landen in **Fort Lauderdale** (FLL, Tel. 954/359 12 00, www.fll.net), auf dem **Tampa International Airport** (TPA, Tel. 813/870 87 00, www.tampaairport.com), auf dem **Southwest Florida International Airport** (RSW, Tel. 239/590 48 00, www.flylcpa.com) bei Fort Myers und in Miami.

Bei *Umsteigeverbindungen* passiert man am ersten Ankunftsflughafen in den USA Pass- und Zollkontrollen. Danach gibt man das abgeholte Gepäck zum Weiterflug erneut auf.

■ Bank, Post, Telefon

Bank

In der Regel sind Banken Mo–Fr 9–16 Uhr geöffnet, in kleineren Orten mit Mittagspause. Für die ersten Tage tauscht man Euro und andere europäische Währungen am besten schon zu Hause in US-Dollar um, danach ist es im Regelfall günstiger, in den USA zu tauschen oder mit einer Maestro-Karte oder Kreditkarte und PIN am Automaten (ATM) Geld abzuheben.

Post

Die Öffnungszeiten sind im Allgemeinen Mo–Fr 8.30–17, Sa 8.30–13 Uhr (www.usps.com). Jedes kleine Dorf besitzt ein eigenes *Post office*. **Postkarten** nach Europa kosten 1,15 $ und sind per Luftpost ca. eine Woche unterwegs. **Pakete** benötigen für die gleiche Strecke auf dem kombinierten Land-Seeweg rund sechs Wochen. Bei der Paketaufgabe werden Inhaltsdeklarationen verlangt, die eventuell Zollzahlungen nach sich ziehen können.

Bei **US-Anschriften** steht die Hausnummer vor dem Straßennamen und die fünfstellige Postleitzahl (*Zip code*) hinter der Ortschaft und der Abkürzung für den jeweiligen Bundesstaat.

Telefon

Internationale Vorwahlen:
USA 001
Deutschland 011 49
Österreich 011 43
Schweiz 011 41

In den USA bestehen Telefonnummern aus einer dreistelligen Ortsvorwahl (*Area code*) und einer siebenstelligen Rufnummer. Unter der Nummer ›0‹ meldet sich der Operator (Vermittlung), der bei Problemen rund um das Telefon weiterhilft.

Bei **Ferngesprächen** wählt man zunächst die ›1‹, dann den *Area code* und die Rufnummer. In der Regel nennt dann eine Computerstimme die anfallenden Gebühren. Rufnummern mit der Vorwahl 800, 855, 866, 877 oder 888 sind **gebührenfrei** (*Toll free*). Damit lassen sich die meisten Hotels reservieren oder auch verschiedene Flug- und Leihwagengesellschaften anrufen.

Auf Tastentelefonen stehen über den Ziffern 2–9 folgende **Buchstaben**: 2 = ABC, 3 = DEF, 4 = GHI, 5 = JKL, 6 = MNO, 7 = PQRS, 8 = TUV, 9 = WXYZ. Damit umschreiben Firmen ihre Telefonnummern, z.B. lautet der Notruf des Automobilclubs AAA: 800/AAA-HELP = 800/222 43 57.

Die oft hohen Gesprächsgebühren aus Hotelzimmern oder manchen Telefonzellen lassen sich mittels **Telefonkarten** (*Prepaid phone cards*) vermeiden. Am preisgünstigsten sind Ferngespräche innerhalb der USA oder nach Europa mit den vorausbezahlten amerikanischen Telefonkarten, die es in Florida in zahlreichen Geschäften und an den meisten Tankstellen gibt. Man kann dann von jedem Telefon aus die gebührenfreie Zugangsnummer in das Netz der kartenausgebenden Gesellschaft wählen.

Nicht alle europäischen **Mobiltelefone** funktionieren in den USA. Nur moderne **Quad-** und **Tri-Band-Geräte** unterstützen sowohl den europäischen Standard von 900 und 1800 MHz als auch den US-Standard von 850 und 1900 MHz. Mit einer amerikanischen Prepaid-Karte oder einer Cellion-SIM-Karte (www.cellion.de) telefoniert man in den USA mobil wesentlich preiswerter.

Shoppers' Paradise

Einkaufen in **Shopping Malls** führt oft in eine wahre Erlebniswelt mit Restaurants und Kinos. Höhepunkte der amerikanischen Shopping-Kultur sind Nobel-Malls wie die Gardens Mall in Palm Beach Gardens, rundum gestylt, palmen- und golddekoriert und mit Springbrunnen versehen. **Outlet Centers** wie die riesigen Sawgrass Mills in Fort Lauderdale verkaufen Restposten und Retouren. Sie werben mit Nachlässen von bis zu 70 %, doch werden dabei zumeist Vorjahresüberschüsse und minimal fehlerhafte Waren angeboten. Aktuelle Produkte kommen nur mit geringerer Preisreduzierung in die Regale. ›Shopping Profis‹ empfehlen: die ersten Tage bummeln und Preise vergleichen, erst in den letzten Urlaubstagen einkaufen.

■ Einkaufen

Öffnungszeiten

In den USA gibt es keine gesetzlich vorgeschriebenen Öffnungszeiten *(Business hours)*. Supermärkte haben gewöhnlich täglich 7–22 Uhr geöffnet, manche sogar rund um die Uhr. Die großen Einkaufszentren *(Shopping Malls)* sind in der Regel Mo–Sa 10–21, So 12–18 Uhr geöffnet.

Mitbringsel

Angesichts des sehr umfangreichen Warenangebots gerät mancher Reisende in einen regelrechten Kaufrausch, zumal viele Waren, insbesondere amerikanische Mode, Jeans, Freizeit- und Sportbekleidung, Schuhe, Stiefel, Westernausstattung, CDs, Elektronikartikel, Kosmetika und Parfums in Florida billiger sind als in Europa.

Zur Beachtung: Vor dem Kauf sollte man auf jeden Fall prüfen, ob in den USA gekaufte *Elektrogeräte* auch mit der europäischen Stromspannung von 220 Volt funktionieren. *DVDs* mit der Ländercode-Nummer 1 sind für das Abspielen in den USA bestimmt und können außerhalb der USA nur auf sogenannten Regio-Free-Playern gespielt werden. Lautet der Code hingegen auf 2 (Europa) oder 0 (worldwide), können die Silberlinge problemlos auch auf europäischen Wiedergabegeräten benutzt werden.

Steuern

Alle Waren und Dienstleistungen sind in Netto-Preisen ausgezeichnet, zur Rechnungssumme addiert sich also die Umsatzsteuer *(Sales tax)* von zurzeit 6 % in Florida hinzu, wobei Städte noch einen zusätzlichen Prozentpunkt aufschlagen und Restaurantmahlzeiten bzw. Übernachtungen extra besteuern dürfen.

■ Essen und Trinken

Frühstück

Zum üppigen **amerikanischen Frühstück** *(American breakfast)* werden Eier als Rührei *(Scrambled egg)*, einseitig *(Sunny side up)* oder zweiseitig *(Overeasy)* gebratenes Spiegelei *(Fried egg)* oder gekocht *(Boiled egg)* serviert. Dazu gibt es Bratwürstchen *(Sausages)*, Schinkenspeckstreifen *(Bacon)* oder Schinken *(Ham)* sowie die aus Kartoffelschnitzen gerösteten *Hash browns*. Süßmäuler erfreuen sich an den kleinen Pfannkuchen mit Ahornsirup *(Pancakes with maple sirup)* sowie an Toast mit Marmelade *(Jam)*. Kaffee wird kostenlos nachgeschenkt *(Refill)*. Dagegen nimmt sich das **Continental Breakfast** – Kaffee, Toast mit Marmelade, evtl. Joghurt und Cornflakes – mager aus.

Abendessen

Die Hauptmahlzeit des Tages ist nicht das Mittagessen *(Lunch)*, sondern das *Dinner* am Abend. Am frühen Abend locken oft *Early bird specials* zu ermäßigten Preisen.

Seafood Restaurants sind an Floridas Küsten naturgemäß zahlreich vertreten. Der *Catch of the day*, die Empfehlung des Tages, bezeichnet täglich wechselnde Fisch- und Muschelgerichte. Fangfrisch aus den Korallenriffen vor der Küste stammen **Fischspezialitäten** wie *Yellowtail Snapper* und *Mutton Snapper*, *Grouper* und *Grunt*. Floridas Langusten heißen *Spiny lobsters*, der eigentliche *Lobster* (Hummer) stammt von nördlicheren Küsten, vorwiegend aus Maine. Zu den köstlichsten Schalentieren zählen *Shrimps* (Garnelen, Krabben), *Crabs* (Krebse, Krabben, insbesondere die *Stone crabs* (Große Steinkrabben) sowie *Clams*, *Mussels* (Muscheln), die Spezialität von Key West ist *Conch*, die große Tritonshornschnecke. Angeboten werden sie *grilled* (gegrillt), *sautéed* (gedünstet), *baked* (gebacken), *boiled* (gekocht) oder als *Chowder* (dicke Suppe) bzw. *Stew* (Eintopf).

Essen und Trinken – Feiertage – Festivals und Events

Das Nationalgericht **Steak** steht in allen Variationen auf der Speisekarte. Es wird *rare* (blutig), *medium* (halb durch) oder *well done* (durchgebraten) serviert.

Alkohol

Als ein Überbleibsel der Prohibition in den 1920er-Jahren ist die Alkoholgesetzgebung noch heute sehr streng. An den meisten Stränden, in State Parks und im Auto darf kein Alkohol konsumiert werden. Die Altersgrenze von 21 Jahren für den Kauf von Alkoholika wird überall kontrolliert. In Zweifelsfällen gibt es ohne Identitätsnachweis (Reisepass, Führerschein) mit Altersangabe nichts.

Leichte Weine und Biere findet man in Supermärkten, hochprozentige Spirituosen oft nur in Alkoholgeschäften *(Liquor stores)*. Nur Restaurants mit spezieller Lizenz *(Licensed restaurant)* schenken hochprozentige Drinks aus. In einfachen Restaurants ohne Lizenz heißt es gele-

American Knigge

Zumeist heißt es am Restaurant-Eingang **Please, wait to be seated**, und dann wartet man, bis die Bedienung (*waiter* oder *waitress*) die Gäste zum Tisch führt. Bei ›*Please, seat yourself*‹ wird selbst ein Platz an einem freien Tisch ausgewählt.

Die Kleidung ist im Allgemeinen lässig (*Casual*), doch heißt es in Beach-Restaurants **No shoes, no shirt, no service** – barfuß oder mit freiem Oberkörper kein Zutritt. Ohnehin sollte man Restaurants nicht allzu leicht bekleidet betreten: Meist kühlt eine Klimaanlage die Luft auf ca. 18°C ab. Nur in einigen eleganten Restaurants wird zum Dinner Abendgarderobe (*Formal wear*) erwartet.

In amerikanischen Restaurants wird zu jedem Essen Eiswasser (*Water*) serviert. Niemand hat etwas dagegen, wenn sich der Gast damit begnügt. Bei Wasser und Eistee (*Ice tea*) gibt es wie beim Kaffee kostenlose **Refills**.

Die Portionen sind oftmals sehr reichhaltig. Wenn von den üppigen Fisch- oder Steakportionen etwas übrigbleibt, lässt man sich die Reste in eine **Doggiebag** einpacken. Selbst in sehr guten Restaurants ist die Frage danach nicht ungewöhnlich.

gentlich *Bring your own bottle (BYOB)*. Gäste dürfen dann ihre eigenen alkoholischen Getränke mitbringen.

Unter den amerikanischen **Bieren** finden sich hauptsächlich helle *Lager beers*, herbere Pilsgetränke sind nicht sehr gefragt. Bier ist in Flaschen *(Bottles)*, Dosen-Sechserpack *(Sixpack)* oder frisch gezapft *(Draft, On tap)* erhältlich.

Trinkgeld

Trinkgelder *(Tips, Gratuities)* sind eine wichtige Einnahmequelle für die ansonsten schlecht bezahlten Bedienungen. Die üblichen Sätze liegen bei 15–20 % der Restaurantrechnung *(Check)*, in guten Lokalen fällt das Trinkgeld noch höher aus. Es bleibt entweder auf dem Tisch liegen oder wird als Betrag auf der Kreditkartenabrechnung eingetragen.

In Hotels erwartet das Zimmermädchen *(Room maid)* 1 bis 2 $ pro Übernachtung, der Page *(Bellhop)* 1 $ pro getragenem Gepäckstück, der Parkwächter *(Parking attendant)* 1 bis 2 $ für das Abholen und Wegbringen des Wagens. Der Taxifahrer *(Cab driver)* erhält 15 % Trinkgeld.

Rauchen

In den meisten öffentlichen Gebäuden herrscht Rauchverbot. Weder in Bars noch in Restaurants darf man rauchen, es sei denn, es gibt Plätze im Freien. Ansonsten bleibt nur der Weg auf die Straße.

■ Feiertage

Feiertage

1. Januar *(New Year's Day)*, 3. Montag im Januar *(Martin Luther King Jr. Birthday)*, 3. Montag im Februar *(President's Day)*, letzter Montag im Mai *(Memorial Day/Heldengedenktag)*, 4. Juli *(Independence Day/*Unabhängigkeitstag), 1. Montag im September *(Labor Day/*Tag der Arbeit), zweiter Montag im Oktober *(Columbus Day)*, 11. November *(Veterans' Day)*, 4. Donnerstag im November *(Thanksgiving Day)*, 25. Dezember *(Christmas Day)*.

■ Festivals und Events

Januar

Tarpon Springs: *Epiphany Celebration* (6. Jan.): Segnung des Wassers (www.epiphanycity.org).

Miami Beach: *Art Deco Weekend* (Mitte Jan.): dreitägiges Festival mit Oldtimern, Autoparaden, Straßenumzug und Führungen in Miamis Art Deco District (www.artdecoweekend.com).

Februar

Miami: *Coconut Grove Arts Festival* (Mitte Febr.): bedeutendes, dreitägiges Kunstfestival unter freiem Himmel (www.coconutgroveartsfest.com).

Daytona Beach: *Daytona 500* (Ende Febr.): berühmtestes NASCAR-Autorennen der Welt über 500 Meilen zum Abschluss der Speed Weeks (www.daytonainternationalspeedway.com).

März

Miami: *Carnaval Miami* (2. Sonntag): größtes hispanisches Festival im kubanischen Viertel Miamis (www.carnavalmiami.com).

Sarasota: *Sarasota Jazz Festival*: 1 Woche Jazz vom Feinsten (www.jazzclubsarasota.org).

Daytona Beach: *Bike Week* (Mitte März): zehntägiges Motorradtreffen, das besonders Harley-Davidson-Fahrer anzieht (www.officialbikeweek.com).

Tallahassee: *Springtime Tallahassee Parade* (Ende März): großer Downtown-Festumzug (www.springtimetallahassee.com).

April

Sarasota: *La Musica*: zweiwöchiges Festival für Kammermusik (www.lamusicafestival.org).

Orlando: *Florida Film Festival*: Zehn Tage lang werden Independent-Filme gezeigt (www.floridafilmfestival.com).

Mai

Fernandina Beach: *Isle of Eight Flags Shrimp Festival* (1. Maiwochenende): größtes Inselfestival mit Flottensegnung, Pirateninvasion und Feuerwerk (www.shrimpfestival.com).

West Palm Beach: *SunFest* (Anfang Mai): fünf Tage während des Musik- und Kunstfestival am Strand (www.sunfest.com).

Juni

Fort Walton Beach: *Billy Bowlegs Pirate Festival* (1. WE): drei Tage lang Piratenangriffe, Fackelumzug, Feuerwerk, Essen und regionale Musik (www.billybowlegspiratefestival.com).

Pensacola: *Fiesta of Five Flags* (zehn Tage Anfang Juni): Feier der Gründung von Pensacola mit Bootsparade, Straßenumzug und DeLuna Landing Ceremony (www.fiestaoffiveflags.org).

Juli

Sarasota: *Suncoast Super Boat Grand Prix Race* (Anfang Juli): Motorbootrennen mit mehrtägigem Rahmenprogramm (www.suncoastoffshore.org).

Key West: *Hemingway Days* (dritte Juliwoche): sechstägiges Festival zu Ehren des Schriftstellers mit Lesungen und Look-Alike-Wettbewerb (www.hemingwaydays.net).

Oktober

Key West: *Fantasy Fest* (Ende Okt.): Parade mit kunstvollen Kostümen, Drag Queen Contest und zehntägigem Rahmenprogramm (www.fantasyfest.com).

Dezember

St. Augustine: *British Night Watch* (1. Samstag im Dez.): Eine Zeltstadt mit Fackelzug durch die Altstadt versetzt den Ort ins 18. Jh. (www.britishnightwatch.org).

Miami Beach: *Art Basel Miami Beach* (Anfang Dez.): glamouröse, viertägige Kunstmesse (www.artbasel.com)

■ Klima und Reisezeit

Die Tourismussaison variiert von Süden nach Norden. In **Südflorida** liegt die Hauptsaison zwischen Weihnachten und Ostern, in **Zentralflorida** herrscht um diese Zeit ebenfalls Hochbetrieb. Zusätzlich verbucht die Region rund um Orlando während der Sommerferien zwischen Memorial Day (Ende Mai) und Labor Day (Anf. Sept.) einen großen Besucheransturm. In **Nordflorida** sind die Strände im Sommer am meisten frequentiert.

Zum **Spring Break**, den ein- bis zweiwöchigen Frühjahrsferien der Universitäten im März, reisen die Studenten traditionell in Scharen nach Florida. Einst war Fort Lauderdale das populärste Ziel, mittlerweile stürmen die College-Studenten jedoch eher nach Panama City Beach.

Florida besitzt eigentlich nur zwei ausgeprägte Jahreszeiten, den trockenen Winter und den schwülheißen Sommer, mit beachtlichen regionalen Temperaturunterschieden im **Winter**. Während der Süden in der Regel keinen Nachtfrost kennt, kann es in Nordflorida durchaus vereinzelte Nächte mit leichten Frostgraden geben. Die **sommerlichen** Höchsttemperaturen sind in ganz Florida durchweg gleich, vier Monate lang ist es hier stets über 30 °C warm. Was der Jahreszeit einen unangenehmen Witterungseffekt verleiht, sind die fast täglich auftretenden kurzen, aber kräftigen Schauer und Gewitter und die damit einhergehende hohe Luftfeuchtigkeit.

Klimadaten Miami

Monat	Luft (°C) min./max.	Wasser (°C)	Sonnen- std./Tag	Regen- tage
Januar	15/24	22	8	6
Februar	16/24	23	9	5
März	18/26	24	9	5
April	20/28	25	9	5
Mai	22/29	28	9	8
Juni	24/31	30	8	10
Juli	25/32	31	8	13
August	25/32	32	8	13
September	24/31	30	7	15
Oktober	22/29	28	7	13
November	19/27	25	8	7
Dezember	16/24	23	7	5

Temperaturen werden in *Fahrenheit (°F)* angegeben. Umrechnung:

°C = (°F − 32) / 1,8
°F = °C x 1,8 + 32

°C	0°	10°	15°	20°	25°	30°	35°	40°
°F	32°	50°	59°	68°	77°	86°	95°	104°

■ Kultur live

Florida bietet eine abwechslungsreiche Kulturszene. Fast jede Großstadt des Bundesstaates besitzt einen großen Konzert- und Theaterkomplex. Insbesondere **Sarasota** genießt den Ruf einer bedeutenden Kulturmetropole. Dazu tragen zwei Adressen besonders bei, das *Asolo Repertory Theatre* (5555 North Tamiami Trail, Tel. 941/351 80 00, www.asolorep.org) und die *Van Wezel Performing Arts Hall* (777 North Tamiami Trail, Tel. 941/953 33 68, www.vanwezel.org). Ebenfalls Beachtung verdienen das *Adrienne Arsht Center for the Performing Arts* (1300 Biscayne Boulevard, Tel. 305/949 67 22, www.arshtcenter.org) in **Miami**, das *New World Center* (500 17th Street, Tel. 305/673 33 30, www.newworld center.com) in **Miami Beach**, das *Kravis Center for the Performing Arts* (701 Okee-

chobee Boulevard, Tel. 561/832 74 69, www. kravis.org) in **West Palm Beach** und das *Straz Center for the Performing Arts* (1010 North W.C. MacInnes Place, Tel. 813/229 78 27, www.strazcenter.org) in **Tampa**.

■ Sport

Angeln

Angeln darf in Florida jeder, der eine gültige Lizenz *(Fishing license)* besitzt. Diese gibt es für wenige Dollars vor Ort in Ausrüstungs- und Sportgeschäften oder Country Stores.

Es existieren unterschiedliche *Angellizenzen* und *Fangmengenbegrenzungen* für Süß- und Salzwasser. Gelegentlich gilt die ›*Catch and release*‹-Methode, bei der gefangene Fische vom Haken genommen und ins Wasser zurückgesetzt werden. Infos: **Florida Fish and Wildlife Conservation Commission**, www.myfwc.com

Golf

Mit knapp 1500 oft wunderschön angelegten Plätzen, von denen ein Großteil für jedermann zugänglich ist, gilt Golf in Florida als Breitensport. Luxuriöse Hotels betreiben herrliche Anlagen, auf denen Gäste und Gastspieler willkommen sind. Die Ausrüstung kann man oft direkt am Golfplatz mieten oder kaufen. Infos: www.visitflorida.com/golfing

Kajak- und Kanufahren

Da Florida ein sehr flacher Staat ist, kommen auch Anfänger nach kurzer Zeit dazu, gemütliche Ausflüge auf einem klaren See oder ruhigen Fluss zu genießen. Abseits der Zivilisation fühlen sie sich schnell wie die ersten Siedler, die per Kanu das Land erschlossen haben. Infos: **Florida Professional Paddlesports Association**, www.paddleflausa.com, Tel. 800/268 00 83

Radfahren

Auch mit dem Fahrrad lassen sich große Teile Floridas gut erkunden. Gerade entlang der Küsten und in den Nationalparks gibt es häufig schön angelegte Radwege. Eine gute Beschreibung von Routen, aber auch von Reit-, Paddel- und Wanderwegen, findet man auf www.flo ridastateparks.org.

Sport – Statistik – Unterkunft

Schwimmen

In Florida sind alle Meeresstrände öffentlich zugänglich. Es gibt keine eingezäunten Areale. An vielen Stränden werfen Rettungsschwimmer *(Life guards)* ein Auge auf die Badegäste. Grüne **Flaggen** geben das Schwimmen frei, Gelb heißt Vorsicht, Rot Badeverbot. An den meisten Stränden herrscht striktes *Alkoholverbot*, auch *Nackt-* oder *Oben-Ohne-Baden* ist in der Regel nicht erlaubt. In den letzten Jahren sind die Verbote jedoch etwas gelockert worden. Am Haulover Beach nördlich von Miami Beach können **FKK-Anhänger** ungestört sonnenbaden, in der *Canaveral National Seashore* existieren zwei inoffizielle Nacktbadestrände im hinteren Bereich von Apollo Beach und Playalinda Beach.

Wandern

Floridas **State Parks** besitzen ein dichtes Netz an Wanderwegen. Darunter sind viele kurze Naturlehrpfade *(Nature trails)*, kürzere und längere Wanderwege *(Hiking trails)* oder Rucksackwanderwege *(Backpacking trails)* mit Übernachtungsgelegenheit auf Campingplätzen *(Campgrounds)*, in Blockhütten *(Cabins)* oder Zelten im Hinterland *(Backcountry camping)*.

In Süd- und Zentralflorida sind die Monate zwischen Oktober und April die beste **Zeit** zum Wandern. Im schwülheißen Hochsommer, wenn kräftige Regenschauer viele Wege unter Wasser setzen und die endlosen Seen und Tümpel Floridas den **Mücken** eine gute Lebensgrundlage bieten, machen Wanderungen weniger Spaß. Europäische Mückensprays zeigen oft nicht die gewünschte Wirkung. Vor Ort gibt es aber sehr effektive einheimische Mittel.

◼ Statistik

Lage: Die relativ schmale, aber lang gestreckte Halbinsel Florida nimmt den äußersten Südostzipfel der USA ein. Ihr südlichster Punkt Key West liegt nur 145 km Luftlinie von Kuba, dafür aber knappe 1300 Straßenkilometer von Pensacola an Floridas Westende entfernt.

Regierung: In Floridas Hauptstadt Tallahassee führt der Gouverneur (zzt. Rick Scott, Republikaner) die Regierungsgeschäfte, das Parlament tagt im State Capitol.

Fläche: Florida umfasst eine Landfläche von 170 313 km^2, insgesamt beträgt die Küstenlänge am Atlantik und Golf von Mexiko etwa 2 200 km.

Wirtschaft: Der Tourismus ist mit über 90 Mio. Besuchern im Jahr das wichtigste wirtschaftliche Standbein Floridas, gefolgt von der Agrarwirtschaft. Florida ist der bedeutendste Zitrusproduzent der USA. Nicht zuletzt dank des Kennedy Space Center werden im ›Sunshine State‹ auch zahlreiche Hightech-Produkte hergestellt. Der Absturz des bis 2007 boomenden Immobilienmarktes führte allerdings zu schweren Verwerfungen und zur Insolvenz zahlreicher Banken.

Einwohner: Florida blickt auf einen stürmischen Bevölkerungszuwachs zurück. Von 35 000 Einwohnern um 1830 stiegen die Zahlen über 528 000 um 1900 auf über 19,1 Mio. im Jahre 2011. Im Schnitt haben sich die Bevölkerungszahlen alle 20 Jahre verdoppelt. Ein bedeutender Teil konzentriert sich auf die drei Metropolen Floridas: Großraum Miami/Fort Lauderdale/Palm Beach mit 5,9 Mio., Großraum Tampa/St. Petersburg mit 2,9 Mio., Großraum Orlando mit 2,3 Mio. Einwohnern.

Von den indigenen Bewohnern sind rund 2000 Seminolen in fünf Reservaten und 400 Miccosukee in einem Reservat verblieben. Insgesamt leben 92 000 indigene Amerikaner, 0,5 % der Einwohner des Staates, in Florida. Rapide steigt der Anteil spanischsprechender Einwohner. Die ›Hispanics‹ stellen mittlerweile in Miami mit 70 % die Bevölkerungsmehrheit.

◼ Unterkunft

Im Allgemeinen bereitet die kurzfristige Zimmersuche keine Schwierigkeiten, das Angebot ist groß, die Quartiere sind selten ausgebucht. Ausnahmen sind Feiertage und große Veranstaltungen. Viele Hotels, Motels, Inns etc. annoncieren per Leuchtreklame mit *Vacancy* (Zimmer frei) oder *No vacancy*. Die höchsten Preise zahlt man zur Hochsaison in den Wintermonaten, günstiger wird es in der Hurricane Season zwischen Juni und Oktober.

Am einfachsten bucht man nach Ankunft im jeweiligen Ort bei der lokalen **Touristeninformation** mit Hilfe der ›Accomodations‹-Broschüren, in denen die Quartiere der Umgebung aufgelistet sind. Dort sowie in Supermärkten liegen häufig auch Coupon-Hefte aus, in denen man aktuelle Rabatt-Gutscheine für Hotels und B & Bs findet. Ansonsten kann

133

Unterkunft

man auch bequem von unterwegs für die nächsten Tage reservieren. Auch der umfangreiche Hotelanhang im *AAA Tour Book* für Florida ist dabei sehr hilfreich.

Bed & Breakfast

Übernachtungen mit Frühstück in privaten Gästehäusern sind in Florida sehr beliebt. Die meisten Bed & Breakfasts verfügen über einen Garten mit Pool, einige Häuser nehmen allerdings keine *Kinder* auf. Die *Übernachtungspreise* beginnen für Zimmer ohne Telefon und Fernseher bei etwa 50 $ und bewegen sich bei gepflegten, mit Antiquitäten ausgestatteten Häusern bis in den Luxusbereich.

Florida Bed & Breakfast Inns (FBBI), Tel. 561/223 95 50, www.florida-inns.com. Überregionale Agentur für Herbergen mit gehobenem Standard.

Camping

Zelten oder Wohnmobilcamping im *Everglades National Park*, in den zahlreichen *State Parks* und *National Forests* ermöglichen besondere Naturerlebnisse. Die großzügig angelegten Stellplätze werden vielfach *First come, first served*, d.h. nach Reihenfolge der Ankunft vergeben. Auf öffentlichen **Campgrounds** berechnen sich die Gebühren per Stellplatz, unabhängig von der Personenzahl. Bezahlt wird abends beim Park Ranger oder am Eingangshäuschen. Bei *Self registration* deponiert man den Briefumschlag mit den Gebühren in einer speziellen Box neben der Infotafel am Eingang.

Private **Komfort-Campgrounds** weisen neben Zeltplätzen zumeist einen Großteil spezieller Wohnmobilplätze mit vollen Versorgungsanschlüssen *(Full hookup)* auf, die Stellplätze *(Sites)* verfügen über Stromanschluss *(Electricity)*, Frischwasserzuleitung *(Water)* und Abwasserabfluss *(Sewer)*. Die **Gebühren** sind deutlich höher als bei öffentlichen Plätzen.

Die größte überregionale **Campingplatzkette** der Komfortklasse, KOA, bietet darüber hinaus in der Regel Waschsalon *(Laundromat)*, Aufenthaltsraum, Pool, Spielplatz sowie Übernachtungen in einfachen Blockhütten *(KOA Kamping Kabins)*. Der KOA Road Atlas beschreibt die einzelnen Campgrounds in Florida und listet deren gebührenfreie Telefonnummern auf. Infos:

Kampgrounds of America (KOA), Tel. 888/562 00 00, www.koa.com

Cottages und Cabins

Rustikale Blockhütten oder gemütliche kleine Ferienhäuschen eignen sich gut für Reisende, die unterwegs das Gefühl eines ›eigenen‹ Daches über dem Kopf schätzen und sich selbst verpflegen wollen. Meistens sind etwas komfortablere Cottages und Cabins mit Küche, Essecke, Wohnzimmergarnitur und gesonderten Schlafzimmern ausgestattet.

Klimatisierte Blockhütten in einigen **State Parks** sowie Stellplätze für Wohnmobile kann man meistens vorab zentral reservieren. Informationen und Buchung:

Florida State Campgrounds, Tel. 850/245 21 57, www.floridastateparks.org

Reserve America, Tel. 800/326 35 21, www.reserveamerica.com

Country Inns

Country Inns sind etwas größer als Bed & Breakfasts und ähneln eher kleinen Hotels. Sie zeichnen sich oft durch eine elegante historische Atmosphäre aus. Im Allgemeinen wird zur Übernachtung Frühstück, zuweilen auch Dinner angeboten. Die Übernachtungspreise liegen generell etwas höher als bei B & Bs.

Hotels und Motels

Die Preisangaben beziehen sich im Allgemeinen auf Doppelzimmer. Weitere Gäste *(Extra person*, kurz XP) im Zimmer zahlen nur einen geringen Aufschlag, doch gibt es kaum Nachlässe für Einzelpersonen. In den meisten Hotels ist anders als in Bed & Breakfasts und Country Inns das Frühstück nicht inklusive.

ADAC Mitgliedern wird in vielen Hotels Rabatt gewährt, wenn sie bei der Buchung nach ›Triple A rates‹ des Partnerclubs AAA fragen.

Die überregionalen **Hotelketten** aller Preisstufen sind auch in Florida vertreten. Über die nachfolgenden Internetseiten kann man unter Angabe der Kreditkartennummer Zimmer reservieren. Wer die vorgebuchte Unterkunft nicht in Anspruch nimmt, muss rechtzeitig absagen *(Cancelation)*, sonst wird der Übernachtungspreis per Kreditkarte abgerechnet.

Einfache Motels

Motel 6	www.motel6.com
Days Inn	www.daysinn.com
Super 8	www.super8.com
TraveLodge	www.travelodge.com

Mittelklassehotels

Best Western   www.bestwestern.com
Choice Hotels   www.choicehotels.com
Holiday Inn   www.holidayinn.com
Howard Johnson   www.hojo.com
Ramada   www.ramada.com

Erstklassige Hotels

Hilton   www.hilton.com
Hyatt   www.hyatt.com
Marriott   www.marriott.com
Radisson   www.radisson.com
Sheraton   www.sheraton.com

■ Verkehrsmittel im Land

Bahn

Amtrak, die überregionale Eisenbahn-linie der USA, bedient die meisten Groß-städte in Florida. Stehende Passagiere werden nicht transportiert, darum recht-zeitig Sitzplätze kostenlos reservieren.

Amtrak, Tel. 800/87272 45,
www.amtrak.com

Über den günstigen *Amtrak USA Rail Pass* informiert auch:

North America Travelhouse, CRD Inter-national, Tel. 040/300 61 60,
www.crd.de

Zwischen Miami (Airport) und West Palm Beach verkehrt die S-Bahn TRI-RAIL.

TRI-RAIL, Tel. 800/874 72 45,
www.tri-rail.com

Bus

Die überregionale amerikanische Bus-linie Greyhound bietet ein flächende-ckendes Netz in den USA an.

Greyhound, Tel. 800/231 22 22,
www.greyhound.com

Mietwagen und Wohnmobile

Mietwagen sind in Florida günstig. In-klusive unbegrenzten Kilometern, Voll-kasko- und Haftpflichtversicherung, Ge-bühren und Steuern sind die Kosten niedriger als in Europa. Beliebt ist auch der Urlaub mit dem **Wohnmobil**. Ver-mietstationen gibt es in Miami, Orlando, Fort Lauderdale, Fort Myers und Tampa.

Wer bereits **zu Hause** einen Mietwagen oder ein Wohnmobil bucht, kann preis-werte Komplettangebote nutzen. Für Mitglieder bietet die ADAC Autovermie-tung günstige Konditionen an. Buchun-gen über www.adac.de/autovermietung,

Unterkunft – Verkehrsmittel im Land

die ADAC Geschäftsstellen oder unter Tel. 089/76 76 20 99. Bei der **Wagenübernah-me** vor Ort werden dann Voucher (Gut-scheine) des Reisebüros bzw. der Vermitt-lung, nationaler Führerschein, Reisepass und eine Kreditkarte verlangt. Der Fahrer muss mindestens 21 Jahre alt sein.

Die **Orientierung** im Straßenverkehr ist einfach. Autobahnen *(Interstates, I)*, über-regionale Bundesstraßen *(US Highways, US)*, Staatsstraßen *(State Routes, SR)* und Landstraßen *(County Roads, CR)* tragen eine Himmelsrichtung sowie in Nord-Südrichtung ungerade bzw. in Ost-West-richtung gerade Zahlen. Die Interstate 95 von Miami über Palm Beach nach Jack-sonville heißt ›I-95 North‹, in Gegenrich-tung entsprechend ›I-95 South‹. Auto-bahnausfahrten *(Exits)* sind in Meilenab-ständen durchnummeriert.

Gebührenpflichtige Straßen tragen den Zusatz *Toll road* oder *Turnpike*, viele Brü-cken kosten ebenfalls Maut *(Toll bridge)*. Sie sind zumal für Ausländer nicht immer leicht zu erkennen. Die Maut wird auf vielen *Toll Roads* nur noch elektronisch abgerechnet. Es gibt dazu unterschiedli-che Zahlungssysteme wie z.B. *SunPass* oder *Toll-by-Plate*. Touristen sollten diese Angebote nutzen, da sie dann bequem und unterbrechungsfrei auf allen Stra-ßen fahren können. Die Gebühren der Mietwagenfirmen können jedoch sehr unterschiedlich ausfallen.

SunPass Customer Service Center,
Tel. 888/865 53 52), www.sunpass.com

Öffentliche Verkehrsmittel

Im öffentlichen Nahverkehr Floridas wer-den fast ausschließlich **Busse** eingesetzt. Da die Fahrer kein Wechselgeld heraus-geben, muss man stets mit passendem **Kleingeld** bezahlen.

Lediglich in **Miami** gibt es eine Straßen-bahn-Linie *(Metrorail,* www.miamidade. gov/transit). In den Bussen und Bahnen des Großraums kann man mit den prakti-schen EASY Tickets bargeldlos bezahlen. Die Chipkarten sind an Automaten in al-len Metro Rail-Bahnhöfen erhältlich. Vom Flughafen verkehren Busse nach Down-town und Miami Beach.

Taxi

Abends oder bei Fahrten in unbekannte Vororte sollte man auf öffentliche Ver-kehrsmittel verzichten und lieber mit dem Taxi fahren.

Sprachführer
Englisch für die Reise

■ Das Wichtigste in Kürze

Ja/Nein	*Yes/No*
Bitte/Danke	*Please/Thank you*
In Ordnung/Einverstanden.	*All right/Agreed.*
Entschuldigung!	*Excuse me!*
Wie bitte?	*Pardon?*
Ich verstehe Sie nicht.	*I don't understand you*
Ich spreche nur wenig Englisch.	*I only speak a little English.*
Können Sie mir bitte helfen?	*Can you help me, please?*
Das gefällt mir/ Das gefällt mir nicht.	*I like that/ I don't like that.*
Ich möchte ...	*I would like ...*
Haben Sie ...?	*Do you have ...?*
Gibt es ...?	*Is there ...?*
Wie viel kostet das?/ Wie teuer ist ...?	*How much is that?*
Kann ich mit Kreditkarte bezahlen?	*Can I pay by credit card?*
Wie viel Uhr ist es?	*What time is it?*
Guten Morgen!	*Good morning!*
Guten Tag!	*Good morning!/ Good afternoon!*
Guten Abend!	*Good evening!*
Gute Nacht!	*Good night!*
Hallo! Grüß Dich!	*Hello!/Hi!*
Wie ist Ihr Name, bitte?	*What's your name, please?*
Mein Name ist ...	*My name is ...*
Ich bin Deutsche(r).	*I am German.*
Ich bin aus Deutschland.	*I come form Germany.*
Wie geht es Ihnen?	*How are you?*
Auf Wiedersehen!	*Good bye!*
Tschüs!	*See you!*
gestern/heute/ morgen	*yesterday/today/ tomorrow*
am Vormittag/ am Nachmittag	*in the morning/ in the afternoon*
am Abend/ in der Nacht	*in the evening/ at night*
um 1 Uhr/ 2 Uhr ...	*at one o'clock/ at two o'clock ...*
um Viertel vor (nach) ...	*at a quarter to (past) ...*
um ... Uhr 30	*at ... thirty*
Minuten/Stunden	*minutes/hours*
Tage/Wochen	*days/weeks*
Monate/Jahre	*months/years*

■ Wochentage

Montag	*Monday*
Dienstag	*Tuesday*
Mittwoch	*Wednesday*
Donnerstag	*Thursday*
Freitag	*Friday*
Samstag	*Saturday*
Sonntag	*Sunday*

■ Zahlen

0	*zero*	20	*twenty*
1	*one*	21	*twenty-one*
2	*two*	22	*twenty-two*
3	*three*	30	*thirty*
4	*four*	40	*forty*
5	*five*	50	*fifty*
6	*six*	60	*sixty*
7	*seven*	70	*seventy*
8	*eight*	80	*eighty*
9	*nine*	90	*ninety*
10	*ten*	100	*a (one) hundred*
11	*eleven*		
12	*twelve*	200	*two hundred*
13	*thirteen*	1000	*a (one) thousand*
14	*fourteen*		
15	*fifteen*	2000	*two thousand*
16	*sixteen*	10 000	*ten thousand*
17	*seventeen*	1 000 000	*a million*
18	*eighteen*	½	*a (one) half*
19	*nineteen*	¼	*a (one) quarter*

■ Monate

Januar	*January*
Februar	*February*
März	*March*
April	*April*
Mai	*May*
Juni	*June*
Juli	*July*
August	*August*
September	*September*
Oktober	*October*
November	*November*
Dezember	*December*

■ Maße

Kilometer/Meile	*kilometre/mile*
Meter/Fuß	*metre/foot*
Zentimeter/Zoll	*centimetre/inch*
Pfund/Kilogramm	*pound/kilogramme*
Gramm/Unze	*gramme/ounce*
Liter/Gallone	*litre/gallon*

Unterwegs

Nord/Süd/West/Ost	*north/south/west/east*
geöffnet/ geschlossen	*open/closed*
geradeaus/links/	*straight on/left/*
rechts/zurück	*right/back*
nah/weit	*near/far*
Wie weit ist es?	*How far is it?*
Wo sind die	*Where are*
Toiletten?	*the toilets?*
Wo ist die (der)	*Where is the*
nächste ...	*nearest ...*
Telefonzelle/	*telephone-box/*
Bank/Post/	*bank/post office/*
Polizeistation/	*police station/*
Geldautomat?	*automatic teller?*
Wo ist ...	*Where is the ...*
der Hauptbahnhof/	*main train station/*
die U-Bahn/	*subway station/*
die Bushaltestelle/	*bus stop/*
der Flughafen?	*airport, please?*
Wo finde ich ein(e, en)?	*Where can I find a ...*
Apotheke/	*pharmacy/*
Bäckerei/	*bakery/*
Kaufhaus/	*department store/*
Lebensmittelgeschäft/	*food store/*
Markt?	*market?*
Ist das der Weg/	*Is this the way/*
die Straße nach ...?	*the road to ...?*
Gibt es einen anderen	*Is there another*
Weg?	*way?*
Ich möchte mit ...	*I would like to go*
dem (der)	*to ... by ...*
Zug/Schiff/	*train/ship/*
Fähre/Flugzeug	*ferry/ airplane.*
nach ...fahren.	
Gilt dieser Preis für	*Is this the round trip*
Hin- und Rückfahrt?	*fare?*
Wie lange gilt das	*How long will the*
Ticket?	*ticket be valid?*
Wo ist ...	*Where is ...*
das Tourismusbüro/	*the tourist office/*
ein Reisebüro?	*a travel agency?*
Ich benötige eine	*I need hotel*
Hotelunterkunft.	*accommodation.*
Wo kann ich mein	*Where can I leave*
Gepäck lassen?	*my luggage?*

Zoll und Polizei

Ich habe etwas/	*I have something/*
nichts zu verzollen.	*nothing to declare.*
Ich habe nur persön-	*I have only personal*
liche Dinge.	*belongings.*
Hier ist die Kauf-	*Here is the receipt.*
bescheinigung.	
Hier ist mein(e) ...	*Here is my ...*
Geld/Pass/	*money/passport/*
Personalausweis/	*ID card/*
Kfz-Schein/	*certificate of*
	registration/
Versicherungskarte.	*car insurance card.*

Ich fahre nach ...	*I'm going to ...*
und bleibe	*to stay there for*
... Tage/Wochen.	*... days/weeks.*
Ich möchte eine	*I would like to report*
Anzeige erstatten.	*an incident.*
Man hat mein(e, en)...	*They stole my ...*
Geld/	*money/*
Tasche/	*bag/*
Papiere/	*papers/*
Schlüssel/	*keys/*
Fotoapparat/	*camera/*
Koffer/	*suitcase/*
Fahrrad gestohlen.	*bicycle.*
Verständigen Sie	*Please contact*
bitte das/die	*the German*
Deutsche Konsulat/	*consulate/*
Botschaft.	*embassy.*

Freizeit

Ich möchte ein ...	*I would like to rent a ...*
Fahrrad/	*bicycle/*
Mountainbike/	*mountain bike/*
Motorrad/	*motorcycle/*
Surfbrett/	*surf board/*
Boot mieten.	*boat.*
Gibt es ...	*Is there a ...*
einen Strand/	*beach/*
einen Freizeitpark/	*theme park/*
ein Freibad/	*outdoor swimming*
	pool/
einen Golfplatz/	*golf course/*
eine Reitschule	*riding stable*
in der Nähe?	*in the area?*
Wann hat ...	*What are the opening*
geöffnet?	*hours of ...?*

Bank, Post, Telefon

Ich möchte Geld	*I would like to*
wechseln.	*change money.*
Brauchen Sie meinen	*Do you need my*
Ausweis/Pass?	*ID card/passport?*
Wo soll ich unter-	*Where should*
schreiben?	*I sign?*
Wie lautet die	*What is the area*
Vorwahl für ...?	*code for ...?*
Wo gibt es ...	*Where can I get ...*
Telefonkarten/	*phone cards/*
Briefmarken?	*stamps?*

Tankstelle

Wo ist die nächste	*Where is the nearest*
Tankstelle?	*petrol station?*
Ich möchte ...	*I would like ...*
Liter ...	*litres of*
Super/Diesel/	*star/diesel/*
bleifrei.	*unleaded.*

Volltanken, bitte.	*Fill it up, please.*
Bitte, prüfen Sie ...	*Please check the ...*
den Reifendruck/	*tire pressure/*
den Ölstand/	*oil level/*
den Wasserstand/	*water level/*
das Wasser für die	*water in the wind-*
Scheibenwischanlage/	*screen wiper system/*
die Batterie.	*battery.*
Würden Sie bitte ...	*Would you please ...*
den Ölwechsel/	*change the oil/*
den Radwechsel	*change the tires/*
vornehmen/	
die Sicherung	*change the fuse/*
austauschen/	
die Zündkerzen	*replace the*
erneuern/	*spark plugs/*
die Zündung	*adjust the*
nachstellen?	*ignition?*

Mietwagen

Ich möchte ein Auto	*I would like to rent*
mieten.	*a car.*
Was kostet die	*How much is the*
Miete ...	*rent ...*
pro Tag/	*per day/*
pro Woche/	*per week/*
mit unbegrenzter	*including unlimited*
km-Zahl/	*kilometres/*
mit Kasko-	*including compre-*
versicherung/	*hensive insurance/*
mit Kaution?	*with deposit?*
Wo kann ich den	*Where can I return*
Wagen zurückgeben?	*the car?*

Unfall

Hilfe!	*Help!*
Achtung!/Vorsicht!	*Attention!/Caution!*
Rufen Sie bitte	*This is an emergency,*
schnell ...	*please call ...*
einen Krankenwagen/	*an ambulance/*
die Polizei/	*the police/*
die Feuerwehr.	*the fire department.*
Es war (nicht) meine	*It was (not) my*
Schuld.	*fault.*
Geben Sie mir bitte	*Please give me*
Ihren Namen und	*your name and*
Ihre Adresse.	*address.*
Ich brauche die	*I need the details*
Angaben zu Ihrer	*of your car*
Autoversicherung.	*insurance.*

Panne

Ich habe eine Panne.	*My car's broken down.*
Der Motor startet nicht.	*The engine won't start.*
Ich habe die Schlüssel	*I left the keys in*
im Wagen gelassen.	*the car.*

Ich habe kein Benzin/	*I've run out of petrol/*
Diesel.	*diesel.*
Gibt es hier in der	*Is there a garage*
Nähe eine Werkstatt?	*nearby?*
Können Sie mir einen	*Could you send a*
Abschleppwagen	*tow truck?*
schicken?	
Können Sie den	*Could you repair my*
Wagen reparieren?	*car?*
Bis wann?	*By when?*

Krankheit

Können Sie mir einen	*Can you recommend*
guten Deutsch	*a good German-*
sprechenden Arzt/	*speaking doctor/*
Zahnarzt	*dentist?*
empfehlen?	
Wann hat er Sprech-	*What are his office*
stunde?	*hours?*
Wo ist die nächste	*Where is the nearest*
Apotheke?	*pharmacy?*
Ich brauche ein Mittel	*I need medication*
gegen ...	*for ...*
Durchfall/	*diarrhea/*
Halsschmerzen/	*a sore throat/*
Fieber/	*fever/*
Insektenstiche/	*insect bites/*
Verstopfung/	*constipation/*
Zahnschmerzen.	*toothache.*

Hotel

Können Sie mir	*Could you please*
bitte	*recommend a*
ein Hotel/eine	*hotel/*
Pension empfehlen?	*Bed & Breakfast?*
Ich habe bei Ihnen ein	*I booked a room*
Zimmer reserviert.	*with you.*
Haben Sie ein ...	*Have you got a ...*
Einzel-/Doppel-	*single/double*
zimmer ...	*room ...*
mit Dusche/	*with shower/*
Bad/WC?	*bath/bathroom?*
für eine Nacht/	*for a night/*
für eine Woche?	*for a week?*
Was kostet	*How much is*
das Zimmer	*the room*
mit Frühstück/	*with breakfast/*
mit zwei Mahlzeiten?	*with two meals?*
Wie lange gibt es	*How long will break-*
Frühstück?	*fast be served?*
Ich möchte um ...	*Please wake me*
geweckt werden.	*up at ...*
Wie ist hier die Strom-	*What is the power*
spannung?	*voltage here?*
Ich reise heute abend/	*I will depart tonight/*
morgen früh ab.	*tomorrow morning.*
Haben Sie	*Have you got*
ein Fax/	*fax/*

Internetzugang/ einen Hotelsafe?	internet access/ a hotel safe?
Kann ich mit Kredit-karte bezahlen?	Can I pay by credit card?

Restaurant

Wo gibt es ein gutes/ günstiges Restaurant?	Where is a good/ inexpensive restaurant?
Die Speisekarte/ Getränkekarte, bitte.	The menu/ the wine list, please.
Ich möchte nur eine Kleinigkeit essen.	I only want a snack.
Ich möchte das Tagesgericht/ Menü (zu…)	I like the dish of the day (at …).
Welches Gericht kön-nen Sie besonders empfehlen?	Which of the dishes can you recommend?
Haben Sie typische Gerichte der Region?	Do you have local dishes?
Gibt es vegetarische Gerichte?	Are there vegetarian dishes?
Haben Sie offenen Wein?	Do you serve wine by the glass?
Welche alkohol-freien Getränke haben Sie?	What kind of soft drinks do you have?
Haben Sie Mineral-wasser mit/ ohne Kohlensäure?	Do you have sparkling water/ noncarbonated water?
Das Steak bitte … englisch/medium/ durchgebraten.	The steak … rare/medium/ well-done, please.
Kann ich bitte … ein Messer/ eine Gabel/ einen Löffel haben?	May I have … a knife/ a fork/ a spoon, please?
Das Essen war sehr gut.	The food was excellent.
Die Rechnung, bitte.	The bill, please.

Essen und Trinken

Abendessen	dinner
Ananas	pineapple
Apfelkuchen	apple pie
Bier	beer
Birnen	pears
Bratkartoffeln	fried potatoes
Brot/Brötchen	bread/rolls
Butter	butter
Ei	egg
Eier mit Speck	bacon and eggs
Eiscreme	ice-cream
Erbsen	peas
Erdbeeren	strawberries
Essig	vinegar
Fisch	fish
Fleisch	meat
Fleischsoße	gravy
Frühstück	breakfast
Gebäck	pastries
Geflügel	poultry
Gemüse	vegetable
Gurke	cucumber
Hähnchen	chicken
Haferplätzchen	oat cakes
Hammelfleisch	mutton
Honig	honey
Hummer	lobster
Kaffee	coffee
Kalbfleisch	veal
Kartoffeln	potatoes
Kartoffelbrei	mashed potatoes
Käse	cheese
Kohl	cabbage
Kuchen	cake
Lachs	salmon
Lamm	lamb
Leber	liver
Maiskolben	corn-on-the-cob
Marmelade	jam, jelly, marmalade,
Mittagessen	lunch
Meeresfrüchte	seafood
Milch	milk
Mineralwasser	mineral water
Nieren	kidneys
Obst	fruit
Öl	oil
Pfannkuchen	pancakes
Pfeffer	pepper
Pfirsiche	peaches
Pilze	mushrooms
Pommes frites	chips, french fries
Reis	rice
Reh/Hirsch	venison
Rindfleisch	beef
Rühreier	scrambled eggs
Sahne	cream
Salat	salad
Salz	salt
Schinken	ham
Schlagsahne	clotted cream
Schweinefleisch	pork
Sekt	sparkling wine
Speck	bacon
Suppe	soup
Thunfisch	tuna
Truthahn	turkey
Vanillesoße	custard
Vorspeisen	hors d'œuvres
Wein	wine
Weißwein	white wine
Rotwein	red wine
Roséwein	rosé wine
Würstchen	sausages
Zucker	sugar
Zwiebeln	onions

Für Ihren Urlaub: Die Reisemagazine vom ADAC.

Alle zwei Monate neu.

www.adac.de/shop

Register

A

Aldrin, Edwin 100
Alexander Springs 95
Alfred B. Maclay State Gardens 111
Amelia Island 8, 108–109
Anastasia State Park 106
Apollo Beach 101
Armstrong, Neil 100
Art Deco Weekend 27
Arthur R. Marshall Loxahatchee National Wildlife Refuge 47
Audubon House & Tropical Gardens 38

B

Babcock Ranch 64
Bahia Honda State Park 35
Barefoot Beach Preserve County Park 63
Barrier Islands 8
Bathtub Reef Beach 52
Big Cypress National Preserve 60–62
Big Cypress Swamp 54
Big Pine Key 34
Biketoberfest 102
Bike Week 102
Billy Bowlegs Pirate Festival 117
Biscayne Bay 23, 24
Biscayne National Park 30, 31, 33, 34
Blackwater River State Forest 123
Blue Spring State Park 92
Boca Raton 42, 46–53
  Cloister Inn 46
  Gumbo Limbo Nature Center 46
  Mizner Park 46
  Red Reef Park 47
Bok Tower Gardens 92
Broadway Palm Dinner Theatre 64
Bush Key 41

C

Caladesi Island 9, 77
Canaveral National Seashore 9, 101–102, 133
Cape Canaveral Air Force Station 98, 100
Captiva Island 54, 66–67
Carnaval Miami 21
Castro, Fidel 19
Cedar Key 9, 68, 81, 96
Cedar Key Museum State Park 81
Cedar Keys National Wildlife Refuge 81
Chokoloskee 58
Clearwater Beach 68, 70, 77–78
Coconut Grove Arts Festival 22
Collier-Seminole State Park 59
Corkscrew Swamp 63

D

Davie 44
Daytona Beach 8, 98, 102–104

Deering, James 23
De Leon Springs State Park 104
Delnor-Wiggins Pass State Park 63
Delray Beach 46, 47
Demens, Peter 71
Devil's Millhopper Geological State Park 96
Disney, Walt 87
Disney World 6, 82, 83
Dolphin Research Center 34
Dry Rocks Reef 31
Dry Tortugas National Park 34, 41

E

East Coast Railway 42
Edison, Thomas Alva 64
El Festival de la Ocho 21
Elliott Key 30
Emerald Coast 110
Everglades 10, 18
Everglades City 54, 55, 57–59
Everglades National Park 54–57

F

Fakahatchee Strand Preserve State Park 61
Fantasy Fest 36
Fernandina Beach 81, 96, 109, 131
Fiesta of Five Flags 122
Flagler, Henry Morrison 18, 34, 42, 48, 106
Flamingo 57
Flamingo Gardens 44
Florida East Coast Railway 18, 34, 48
Florida Historic Capitol 110
Florida Keys 6, 34
Florida Keys National Marine Sanctuary 33
Florida Railroad 81
Ford, Henry 64
Fort Clinch State Park 109
Fort Dallas 18
Fort Jefferson 41
Fort Lauderdale 8, 10, 42–53, 128, 129, 133, 135
  Bahia Mar Marina 42
  Hugh Taylor Birch State Park 44
  John U. Lloyd Beach State Park 44
  Las Olas Boulevard 43
  Museum of Art Fort Lauderdale 43
  Museum of Discovery and Science 44
  Stranahan House 43
Fort Myers 52, 64–65
  Edison & Ford Winter Estates 64
Fort Myers Beach 9, 65–66
Fort Pickens 120
Fort Pierce Inlet State Park 53
Fort Walton Beach 11, 110, 117–118, 131

Fred Gannon Rocky Bayou State Park 118

G

Gainesville 96–97
Gilbert's Bar House of Refuge 52
Grassy Key 34
Grayton Beach State Park 118
Gulf Islands National Seashore 11, 118–120

H

Hale Indian River Groves 53
Hemingway Look-Alike-Contest 36
Highlands Hammock State Park 93
Hobe Sound National Wildlife Refuge 52
Homestead 15, 40
Homosassa Springs 9, 80–81
Homosassa Springs Wildlife State Park 80
Honeymoon Island State Park 77
Hugh Taylor Birch State Park 44
Hurrikane 40
Hutchinson Island 42, 51–53

I

Indian Key 33
Islamorada 30, 32–33
  Bud N' Mary's Marina 32
  Holiday Isle 32
  Theater of the Sea 33

J

Jacksonville 107–108
  Anheuser-Busch Brewery 107
  Cummer Museum of Art and Gardens 107
  Fort Caroline National Memorial 107
  Friendship Park 107
  Huguenot Memorial Park 108
Jacksonville Beach 107
Jannus, Tony 71
J.N. ›Ding‹ Darling National Wildlife Refuge 66
John and Mable Ringling Museum of Art 68
John D. Mac Arthur Beach State Park 49
John Pennekamp Coral Reef State Park 31
John U. Lloyd Beach State Park 44
Jonathan Dickinson State Park 51
Juniper Springs 95
Jupiter 42, 51–53
Jupiter Island 52

K

Kennedy Space Center 9, 98–101, 133
Key Biscayne 21, 24

141

Key Largo 30–32
Key West 6, 11, 30, 33, 36–41, 131, 133
  Duval Street 37
  Ernest Hemingway Home & Museum 39
  Fort Zachary Taylor Historic State Park 38
  Harry S.Truman Little White House 38
  Key West Aquarium 38
  Key West Lighthouse 39
  Mallory Square 37, 38
  Mel Fisher Maritime Museum 38
  Southernmost Point in continental USA 39
Kingsley Plantation 108

L

Labor Day Hurricane 34, 37, 40
Lake Eaton Sinkhole 95
Lake Wales 92–93
Legoland Florida 93
Legoland Water Park 93
Lightner, Otto C. 106
Little Talbot Island State Park 108
Looe Key National Marine Sanctuary 35
Lovers Key State Park 65
Lower Keys 34
Loxahatchee River 51

M

Manatee Lee County Regional Park 64
Manatee Observation and Education Center 53
Manatee Regional Park 52
Mangroven 61
Marathon 30, 33–36
Marco Island 59
Merritt Island National Wildlife Refuge 101
Miami 10, 18–26, 34, 40, 127, 128, 131, 133, 135
  Bayside Marketplace 20
  Bill Baggs Cape Florida State Park 24
  Biltmore Hotel 22
  Calle Ocho 21
  City Hall 22
  Coconut Grove 22
  CocoWalk 23
  Coral Gables 21
  Coral Gables Merrick House 22
  Crandon Park 23
  Fairchild Tropical Botanic Garden 24
  Jungle Island 21
  Little Havana 21
  Matheson Hammock Park and Beach 24
  Miami-Dade Cultural Center 20
  Miami Seaquarium 23
  Miracle Mile 22
  Monkey Jungle 24
  Museum HistoryMiami 20
  Patricia and Phillip Frost Museum of Science 21
  Pérez Art Museum Miami 20

Port Miami 20
  Royal Palm Hotel 18
  South Beach 21
  Venetian Pool 22
  Virginia Key 23
  Vizcaya Museum & Gardens 23
  Watson Island 21
  Zoo Miami 24
Miami Beach 8, 26–29, 130, 132, 133
  Art Deco District 8, 19, 26, 27
Miccosukee Indian Reservation 61
Mizner, Addison 46
Myakka River State Park 69

N

Naples 9, 54, 62–64
National Hurricane Center 40
National Key Deer Wildlife Refuge 34

O

Ocala 94
Ocala National Forest 82, 95–97
Ochopee 61
Okaloosa Island 117
Oldest House & Gardens Museum 38
O'Leno State Park 97
Orange Belt Railroad 71
Orlando 10, 82–92, 128, 133, 135
  Charles Hosmer Morse Museum of American Art 90
  CityWalk 90
  Discovery Cove 88
  Disney's Animal Kingdom 85
  Disney's Blizzard Beach 85
  Disney's Hollywood Studios 84
  Disney's Typhoon Lagoon 86
  Disney World 82, 83
  Downtown Disney 86
  Epcot 84
  Gatorland 90
  Magic Kingdom 83
  Orlando Eye 88
  Orlando Science Center 90
  SeaWorld 10, 82, 87
  Universal Orlando 10, 82, 88
  Universal's Islands of Adventure 89
  Universal Studios Florida 89
  Wet 'n Wild 88
Overseas Highway 34, 37

P

Palm Beach 10, 42, 48–53, 62, 129
  Henry Morrison Flagler Museum 48
  Royal Poinciana Hotel 48
  The Breakers 48
Panama City Beach 110, 115–117
Paynes Prairie Preserve State Park 96
Pensacola 11, 120–123, 131, 133
  Fort Barrancas 121
  Historic Pensacola Village 121
  National Naval Aviation Museum 121
  Naval Air Station Pensacola 121

Seville Quarter 122
Plant, Henry Bradley 74
Playalina Beach 101

R

Ringling, John 68

S

Salt Springs 95
Sandspur Beach 35
Sanibel Island 9, 54, 66–67
Santa Fe River 97
Santa Rosa Area 119
Sarasota 10, 68–70, 132
  Ringling Museum of Art 10, 68
Seaside 11, 118
SeaWorld 10, 82, 87
Seminolen 18, 133
Seminolenkrieg, Zweiter 33, 61
Seven Mile Bridge 34
Seven Mile Bridge Run 34
Shark River Slough 57
Silver Glen Springs 95
Silver Springs 94
Singer Island 49
Spanisch-Amerikanischer Krieg 73, 74
St. Andrews State Park 116
St. Augustine 8, 98, 104–107, 131
  Castillo de San Marcos 8, 104
  Colonial Quarter 105
  Flagler College 106
  Government House Museum 105
  Lightner Museum 106
  Oldest House Museum Complex 106
  Oldest Wooden Schoolhouse 105
  St. Augustine Alligator Farm 106
  St. Augustine Lighthouse 106
St. George Island 11, 110, 113–114
St. George Island State Park 114
St. Joseph Peninsula 110, 114–115
St. Joseph Peninsula State Park 115
St. Marks National Wildlife Refuge 113
Stoneman Douglas, Marjorie 55
St. Pete Beach 9
St. Petersburg 10, 68, 70–73, 77, 133
  Fort de Soto Park 72
  Indian Shores 72
  Sand Key Park 72
  Suncoast Seabird Sanctuary 72
  Sunshine Skyway Bridge 73
  The Dalí Museum 71
  The Pier 71
Stuart 51
Suwannee River State Park 111

T

Tallahassee 110–112, 131, 133
  Canopy Roads 110
  Florida State Capitol 110
  Museum of Florida History 110
  Tallahassee Automobile Museum 110
Tallahassee-St.Marks Historic

Railroad State Trail 111
Tamiami Trail 55, 57, 59, 61
Tampa 68, 74–76, 132, 133, 135
  Adventure Island 74
  Busch Gardens 74
  Florida Aquarium 75
  Museum of Science and
    Industry 74
  University of Tampa 76
  Ybor City 75
  Ybor City Museum 75
Tampa Bay 68, 70
Tarpon Springs 9, 78–79, 130
Ten Thousand Islands 10, 54, 58
Ten Thousand Islands 59
Tuttle, Julia 18

Universal Studios 82, 89

Vaca Key 34

Wabasso
Wakulla Springs 11, 112–113
Washington Oaks Gardens State
  Park 104
Weeki Wachee Springs 79–80
Weissmüller, Johnny 94

Wekiva River 11, 91
Wekiwa Springs State Park 91
West Palm Beach 49, 132, 135
Wild Waters 94
Williams, John C. 71
World Golf Village 106

Ybor, Vicente Martínez 74

Impressum

Herausgeber: TRAVEL HOUSE MEDIA GmbH, München
Programmleitung: Dr. Michael Kleinjohann
Verlagsleitung: Ulrich Safferling
Redaktionsleitung: Jens van Rooij
Autor: Heike Wagner und Bernd Wagner
Aktualisierung: Bernd Wagner, Edda Benedikt
Autor Tipps Seite 12–15: Wolfgang Rössig
Redaktion: txt redaktion & agentur, Dortmund
Bildredaktion: txt redaktion & agentur
Satz: txt redaktion & agentur
Umschlaggestaltung: independent Medien-Design, München
Karten (Umschlag): Huber Kartographie GmbH, München
Karten (Innenteil): Huber Kartographie
Herstellung: Katrin Uplegger
Druck: Drukarnia Dimograf Sp z o.o. (Polen)

Ansprechpartner für den Anzeigenverkauf:
KV Kommunalverlag GmbH & Co KG,
MediaCenterMünchen, Tel. 089/92 80 96 44

ISBN 978-3-95689-096-3

Neu bearbeitete Auflage 2015
© 2015 TRAVEL HOUSE MEDIA GmbH, München
ADAC Reiseführer Markenlizenz der ADAC Verlag
GmbH & Co. KG, München

Das Werk einschließlich aller seiner Teile ist urheberrechtlich geschützt. Jede Verwendung ohne Zustimmung von Travel House Media ist unzulässig und strafbar. Das gilt insbesondere für Vervielfältigungen, Übersetzungen, Mikroverfilmungen und die Verarbeitung in elektronischen Systemen. Die Daten und Fakten für dieses Werk wurden mit äußerster Sorgfalt recherchiert und geprüft. Wir weisen jedoch darauf hin, dass diese Angaben häufig Veränderungen unterworfen sind und inhaltliche Fehler oder Auslassungen nicht völlig auszuschließen sind. Für eventuelle Fehler oder Auslassungen können Travel House Media, der ADAC Verlag sowie deren Mitarbeiter und die Autoren keinerlei Verpflichtung und Haftung übernehmen.

Bildnachweis

Titel: Schapowalow (Susanne Kremer)

Rücktitel: links: **Bildagentur Huber** (Susanne Kremer)
rechts: **Getty Images** (Steven Blandin)

Titel Faltkarte: South Beach, Miami
Foto: **Fotolia** (beatrice prève)

Action Press: 79 – **Alamy**: 69 (M. Timothy O'Keefe) – **Associated Press**: 38 (Roberto Rodriguez), 45 (WilfredoLee) – **Aura**: 4.4 (Wh.), 90 (Emanuel Ammon) – **Avenue Images**: 4.1 (Wh.), 21 (RandyTaylor) – **Bildagentur Huber**: 2.1 (Wh.), 43 (Pietro Canali), 2.4 (Wh.), 5.1 (Wh.), 5.4 (Wh.), 7, 9.1, 60.1, 63, 65, 74, 77 (R. Schmid), 11, 37, 56, 57.2 105.1(Kremer) – **Corbis**: 10 (Sylvain Grandadam), 19, 41 (Bob Krist), 44 (N.N.), 59 (Franz Marc Frei), 103 (Ed Kashi), 109 (Gary W. Carter), **ddp images**: 14.2 (Marjie Lambert/Miami Herald/MCT/Sipa USA) – **Disney**: 4.2 (Wh.), 85 – **Eyevine**: 117 – **FloraPress**: 4.3 (Wh.), 93 (N.N.) – **Focus**: 3.4 (Wh.), 57.3 (Millard H. Sharp) – **Franz Marc Frei**: 3.3 (Wh.), 36 – **F1Online**: 3.1 (Wh.), 27 , 60.2 , 68.2 , 114 (N.N.) – **Getty Images**: 16/17 (Walter Bibikow), 31 (Stephen Frink), 35.1 (Ben Cartland), 35.2 (Danita Delimond), 43.1 (Chuck Myers), 47 (Amanda Clement), 54 (N.N.) – **laif**: 2.2 (Wh.), 3.2 (Wh.), 20 (Hemispheres), 13.1 (Aurora/ David Hanson), 22 (Neumann), 25, 26 (Jörg Modrow), 28, 49 (Gerald Haenel), 62, 67, 68.1, 71, 73 (Christian Heeb), 80 (G. Haenel), 83 (Gregg Matthews), 107 (Ch.Heeb),111 (G.Haenel),121 (Neumann) – **Lonely Planet images**: 91(Peter Ptschelinzew), 96 (Richard Cummins) – **Look**: 10.1, 12.2, 29 (Hendrik Holler), 32 (Franz Marc Frei), 105.2 (N.N.) – **mauritius images**: 8 (N.N.), 14.3, 15.3 (Alamy), 24 (F. Gierth), 46 (N.N.), 52 (Stephen Frink), 53, 57.1, 70, 81, 89, 94, 95, 97, 101, 112, 119, 120, 123 (N.N.) – **Okapia**: 66 (Ed Reschke) – **Prisma**: 48 (Terrance Klassen), 78 (Ron Buskirk) – **Schapowalow**: 13.4 (Degree/Sime), 23 (Guido Cozzi), 58 (Huber) – **Shutterstock:** 12.1 (prochasson frederic), 12.3 (Vycheslav Leskovskiy), 13.2 (AnjelikaGr), 13.3 (Mike Liu), 14.1, 15.1 (IrinaK), 15.2 (Praisaeng), 15.4 (Rob Hainer) – **Stock Food**: 6 (Eising), 5.3 (Wh.) – **Vario Images**: 9.1, 113 – **Visum**: 116 (A. Vossberg) – **Waterframe**: 5.2 (Wh.), 7.2 (Tom Stack), 50 (Masa Ushioda) – **West Florida Historic Preservation Inc.**: 122 – **Ernst Wrba**: 64 – **Your Photo Today**: 2.3 (Wh.), 98/99